楽しく遊ぶように勉強する子の育て方

一般社団法人日本親勉アカデミー協会
代表理事 　小室 尚子

日本能率協会マネジメントセンター

はじめに

- 勉強ができる子どもは家庭でつくられる
- 賢い子どもが育つリビングは、いつも片づいている
- 母親はいつも愛情をもって子どもと接するべきだ
- 母親は、どんな時も子どもの話をよく聞いてあげるべきだ
- 褒めて、褒めて子どもを伸ばすのが母親の役目である

多くの育児書、教育書に書かれていることです。

たしかに正しいことなのかもしれませんが、**「忙しいお母さんにこんなことができるわけがない！」**と、思ってしまうことはありませんか？

「ワンオペ育児」が当たり前の時代。仕事をしながらの育児に悪戦苦闘する毎日です。保育園や幼稚園、学童保育へ迎えに行き、食事の準備をし、お風呂に入れるなどの世話をするだけで精一杯。

それにもかかわらず、わが子を賢くするための家庭学習まで、お母さんに委ねられています。「家庭学習は学年×20分」とよく言われますが、どうしたらそんな時間を捻出できるのでしょう。

――文句のような書き出しとなってしまい恐縮ですが、これは仕事に育児に忙しいお母さんたちの姿を近くで見ていて心から思うことです。

私は日本親勉アカデミー協会代表理事の小室尚子です。

「楽しく遊ぶように勉強する家庭学習法」を、全国のお母さんたちに伝える仕事をしています。

じつは私も、多くのお母さんたちのように一人で子育てをしてきました。夫にも親にも頼ることができず、忙しく過ぎる毎日。

　娘と接する限られた時間の中で「もっと娘の勉強を見てあげたい」「もっと娘と遊んであげたい」という思いを抱えてきました。かと言って、時間があるときでも１日に何十回とくり返されるおままごと遊びに付き合うのは、なかなかしんどいものです。

「愛するわが子との遊びが苦痛だと感じてしまうなんて、私は母性が足りないのではないだろうか」そう悩んだ時期もあります。

　ところがある日、こうした悩みを一気に解決できる方法を見つけたのです。それが本書で紹介する「勉強を遊びに変える学習法」。

　きっかけは、娘のおままごと遊びです。ある日、おままごと遊びに、地図パズルを使ってみました。

「ママに、九州地方のカレーをつくって」「紫色のパズルを集めれば九州地方になるんだよ」「これは大分だから、しいたけ味のカレーだね。こっちは福岡だから、めんたいこ味のカレーだね」

　このように遊んでみたところ、当時４歳だった娘は、２週間で日本地図の県名と特産物を全部覚えてしまったのです。

「ただ一緒に遊ぶだけで、娘が賢くなるなんて！」──そう思うと、苦痛どころか、どんどん一緒に遊びたくなりました。

　しかも娘は、これを勉強だとはまったく思っていません。

　楽しく、遊ぶように勉強を続けていきました。

　この出来事をきっかけに、私は、**子どもが楽しく遊ぶように勉強できるようになる方法**を研究するようになりました。さらには、それを実践する学習塾をつくり、10年間で800人以上のお子さんを指導し、その後、親勉アカデミー協会を立ち上げ、4000世帯を超えるご家庭に学習法をお伝えしてきました。

　その中で、ひとつ気づいたことがあります。それは、**「お子さんが勉強好きになるかどうかはお母さんで決まる」**ということ。

　そうは言っても、今、お母さんが仕事と子育ての両立に苦悩していることは、十分にわかっているつもりです。すでにがんばっているお母さんに、これ以上がんばってとは言えません。

　そこで本書では、**たった5〜10分で、確実にお子さんが賢くなり、勉強も遊びも一緒にできて、親子のコミュニケーションが円滑になる、そんな方法をまとめました。**

　本書でご紹介する「遊ぶように勉強するコツ」を取り入れると、お子さんは、楽しく自分から勉強するようになります。

　お子さんの勉強に関する悩みが解消すれば、子育ての半分はうまくいったようなもの。遊ぶように勉強する親子が増えることでお母さんとお子さんの笑顔が増えていきます。今まで悩みの種だった勉強が、いつの間にか親子関係を良好にするツールへと変わっていくのです。

　お母さんもお子さんも笑顔があふれる、そんな家庭が増えていくことが、私にとってこの上ない喜びです。

　　　　　　　　　　　　　　　　　　　　　　　　小室 尚子

CONTENTS

はじめに 3

第1章 楽しく遊ぶように勉強する子に育てよう

お子さんの勉強に悩む
お母さんのために 12

頭のいい子と、そうでない子は
何がちがうのか? 14

楽しく遊ぶように勉強する子に育てる
4つのメリット 17

第2章 楽しく遊ぶように勉強する子になるメカニズム

まずはお母さんが楽しむ 26

お子さんに勉強を教えてはいけない 29

勉強させようと思わない 33

毎日の習慣に取り入れる 35

お子さんの年齢に合わせない 37

第3章 勉強を遊びに変える！1日5分からできる親勉メソッド

勉強を遊ぶスタートにお勧めなのは、漢字の「部首」......44

- 国語を遊ぼう① 部首探しゲーム......46
- 国語を遊ぼう② 部首ビンゴ......49
- 国語を遊ぼう③ 辞書で遊ぼう......52
- 国語を遊ぼう④ 辞書パッと引き......55
- 国語を遊ぼう⑤ 禁止用語調べ......56
- 国語を遊ぼう⑥ 作文に強くなる！ 形容詞インタビュー......57

数字の基礎体力を早いうちから鍛えよう......62

- 算数を遊ぼう① おやつで分数......64
- 算数を遊ぼう② コップの代わりに「計量カップ」......67
- 算数を遊ぼう③ 計算ビンゴ......69
- 算数を遊ぼう④ 足して10になる神経衰弱......72

興味のアンテナを立てよう......76

- 社会を遊ぼう① 「地図」で遊ぼう......78
- 社会を遊ぼう② 都道府県カタチ当てゲーム......80
- 社会を遊ぼう③ 豚の尻尾ゲーム......84
- 社会を遊ぼう④ 歴史人物にあだ名を付けよう......86
- 社会を遊ぼう⑤ 歴史人物バトルゲーム......89

言葉に慣れれば理科嫌いは防げる！......92

- 理科を遊ぼう① 野菜で見分ける単子葉類・双子葉類......94
- 理科を遊ぼう② 散歩で見つける離弁花・合弁花......97
- 理科を遊ぼう③ 月を一緒に眺めてみよう......99

話せる英語ではなく、勝てる英語を！ 104

英語を遊ぼう① 貼り勉で「片こと英語」........................106

英語を遊ぼう② 単語タッチゲーム........................108

英語を遊ぼう③ 英語でビンゴ........................111

英語を遊ぼう④ Touch the ◯◯ things!........................112

第4章 子育てのゴールを考えよう

子育てのゴールはどこにあるのか？
～子育ての目標を考えよう～........................118

楽しくイキイキと働く大人になるための
準備をしよう........................121

人定に勝てる子を育てよう
～人生を切り拓く力を手に入れる～........................124

「子どもは親の背中を見て育つ」の
ほんとうの意味........................127

第5章 子育ての悩みQ&A

Q 子どもが興味をもってくれません。
どうしたらやってくれるようになりますか? ……134

Q 男の子の親です。
女の子と比べてトンチンカンなことばかり
言っていて不安になります。 ……136

Q 褒めるのが苦手です。
どうすればうまく褒められますか? ……138

Q 興味をもってくれない科目があります。 ……140

Q 小学校受験は必要ですか?
どのように対策をすればいいですか? ……142

Q 中学受験を考えています。
どのように対策をすればいいですか? ……144

Q 中学生以上の子どもに対して
できることはありませんか? ……146

Q 子どもが宿題をしません。 ……148

Q 子どもの忘れ物が多くて困っています。 ……152

Q 子どもの教育に熱心になってほしいのに、
夫が協力的ではありません。 ……155

おわりに ……157

第1章

楽しく遊ぶように勉強する子に育てよう

お子さんの勉強に悩む
お母さんのために

「勉強しなさい！」とつい怒っていませんか？

「わが子を賢く育てたい」
「勉強ができる子になってほしい」
　多くのお母さんがもつ望みでしょう。
　わが子を賢く育てるために、できるだけのことをしてあげたい——そう思ってはいたとしても、実現するのはとても難しいことです。
　私自身、仕事をしながら娘を育てる中で、身をもって経験してきました。

　勉強を見てあげたい、教えてあげたいと思ってはいながらも、なかなか時間がつくれない。そんな毎日に、自己嫌悪を感じているというお母さんも多いかもしれません。
　自分で勉強を見てあげる時間は少ないけれど、せめて環境を整えてあげたいと思って、塾に通わせたり、通信教育を始めたり、知育玩具や図鑑、辞書、地図など、「教育に良い」と言われているものを集めたものの、お子さんは、自分から勉強することも、興味を示すこともなく、テレビを見たり、ゲームをしているばかり。
　中には、小学生になったのに遊んでばかりで、毎日、宿題をさせるだけでも精一杯という方もいるかもしれません。

　そんなお子さんの様子を、見るに見かねて、つい、「勉強しなさい！」と怒ってしまう。

そんな自分に、さらに嫌悪感をもってしまう──。

本書は、そんなお母さんのために書いた本です。

ほんのちょっとしたコツを実践するだけで、「勉強しなさい！」とガミガミ言う必要はなくなります。

それまでのイライラがまるでウソのように、お子さんが、勝手に勉強する子に変わるコツがあるのです。

そのコツを実践するだけで、**まるで遊ぶように、楽しく自分から勉強する子に変わる**のです。

勉強を遊びに変えればすべてが解決する！

この本では、お子さんが勝手に勉強する子に変わる家庭学習法を紹介していくことになりますが、**ポイントは、「勉強」を「遊び」に変えること。たったこれだけです。**

嫌々やらされていた勉強を、お子さんが大好きな「遊び」に変えるだけで、**「お子さんの勉強を見る時間がない」「勉強しない」などの悩みを、一気に解決することができます。**

まず第1章、第2章でそのメリットやメカニズムを紹介した後、第3章ですぐに使えるコツを紹介していきます。

「時間がないから、手っ取り早く勉強を遊びに変えるコツを知りたい」という方は、第3章から読み始めてください。メカニズムをしっかりと理解してから取り組みたい方は、このまま第1章から順に読み進めてください。

それでは、早速始めていきましょう。

頭のいい子と、そうでない子は何がちがうのか?

学力の差は「親力」の差

　私は2006年の春から約10年間、学習塾を経営していしました。800人以上の子どもたちを見てきましたが、同じように勉強を教えているはずなのに、子どもたちの学力の差はどんどんついていきます。

　しかも、その差は、学年や在籍年数とは関係がありません。

「勉強ができる子と、そうでない子の差はどこからくるのだろう?」

　子どもたちを観察し始めてから少したった時、私はあることに気づきました。

　それは、**勉強ができるお子さんのお母さんは、勉強に興味をもっている**ということです。

　お子さんに勉強をさせることには興味があっても、自分自身は勉強にはまったく興味をもっていないお母さんもいらっしゃいます。

　勉強ができるかどうかではありません。勉強に興味をもっていて、お母さん自身が楽しんでいることが大切なのです。

　よく考えてみれば、これは不思議なことではありません。

　週に3回塾に通ったとしても、塾で勉強するのはせいぜい9時間程度。塾よりも自宅で過ごす時間のほうが、はるかに長いのです。**一緒に過ごす時間の長い親、特にお母さんがお子さんに大きな影響を与えている**のは当然のことですね。

　「勉強」と言うと、「嫌々やらされること」「つらいものを強いられる

こと」というイメージをおもちの方もいるかもしれません。

　一方、私が出会った勉強のできるお子さんのお母さんは、勉強が好きだったり、楽しみながらやっていたりしていました。学歴が高い方ばかりではありませんが、お子さんがやっている勉強に興味、好奇心をもっているのは、勉強ができるお子さんのお母さんの共通点です。

　するとお子さんも、**「お母さんが興味をもっていることは、とても楽しいものに違いない」**と考えるのでしょう。自然と勉強に触れるようになります。

　学力の差を生み出す「親力」の差は、こんなところにあったのです。

「そうは言っても、今まで勉強に興味をもったことはない」という方も、安心してください。

　本書でご紹介するのは、ほんのちょっとの工夫でできる、親も子どもも楽しめる学習法です。

勉強を遊びに変えれば、子どもは自分から勉強を始める

　親勉（オヤベン）。

　これは私がつくった言葉です。**「子どもが楽しく遊ぶようにできる勉強法」**を、私は親勉と呼んでいます。

「遊ぶように勉強する」と、近ごろはあちこちで言われるようになりましたが、2006年当初そう語るのは私だけでした。

「勉強を遊びに変える」と言っても、それがどういうことなのか、いまいちピンとこない方もいるかもしれませんので、何名かの実例をご紹介しましょう。

　まずは、4歳の女の子のケースです。

　この年齢の女の子が大好きな「ごっご遊び」。いくつかのぬいぐる

みを使って、「お母さんごっこ」や「幼稚園ごっこ」をして遊ぶ時、お子さんがぬいぐるみにつけた名前は、**「細川ガラシャ」「与謝野晶子」「ペリー」**といった歴史上の人物でした。

　続いて３歳の男の子。電車でプラレール遊びをする時、都道府県のカードをプラレールの駅に見立てて、こんなことを言い始めました。**「これは山形に行く新幹線のつばさ。だから、車内販売ではサクランボと将棋の駒を売っている」**。

　ほかにも、おとなしくお絵かきをしていると思って画用紙を覗いてみたら、「月」の絵を書いている５歳の男の子がいました。「何を書いたの？」と聞くと、**「これは、二十六日月。三日月とは向きが反対なんだよ」**と教えてくれました。

　歴史上の人物も、地理も、月の満ち欠けも小学校中〜高学年で習う勉強ですが、ここでご紹介したお子さんたちにとって、やっていることはすべて「遊び」。**お子さん自身は、遊びとしか思っていないので、「勉強しなさい！」とお母さんがガミガミ叱る必要はありません。みんな自分から楽しくやっています。**

　私は、こうしたお子さんがいる家庭を、5000世帯ほど知っています。

　勉強を遊びに変えるのに、特別な知識も、多くの時間も必要ありません。ちょっとした工夫をするだけで、楽しく、遊ぶように勉強する子に育てることができるのです。

楽しく遊ぶように勉強する子に育てる４つのメリット

> メリット①　勉強が好きになる

　勉強を遊びに変えて、楽しく遊ぶように勉強する子に育てることにはいくつかのメリットがありますが、大切な４つをご紹介します。

　まずは**「勉強が好きになる」**ということ。勉強ができる子に育てるために、まずは「勉強が好き」な子になることを目指してみてはいかがでしょうか。

　じつを言うと、単に勉強ができる子に育てるのは、そんなに難しいことではありません。教え方のうまい先生に習い、生活習慣を見直せば、勉強はできるようになります。

　ですが、そもそも「勉強が好き」でなければ、いつまでたっても自分から机に座ろうとしません。ずっとお母さんが見張ることはできませんから、やがて勉強をサボるようになる姿が目に見えています。

　でも、好きなことは自分からやります。嫌々やらされているわけではないので、知識もどんどん身につきますし、成績も自然と伸びていくでしょう。

　お子さんを勉強好きにする最大のコツは、勉強を遊びに変えてしまうこと。

　すると、**遊びと勉強の境目があいまいになります。**

　勉強が「やりたくて、やりたくて仕方がないもの」に変わったら、子育ての半分は成功したと言っても過言ではないかもしれません。

17

メリット② 好奇心が育つ

スポーツではお馴染みの**「ゴールデンエイジ」**という言葉をご存知ですか?

9〜12歳ぐらいの時期に訪れるもので、それまで未熟だった脳の神経系の発達が、一気に完成に近づく時期のことです。あらゆる物事をすぐに覚えることができるのも、ゴールデンエイジの特徴。人間の発達段階において一生に一度、この時期にしかないと言われています。

たとえばサッカーでは、ゴールデンエイジを有効に使うために、その前の段階の3〜8歳(プレゴールデンエイジ)に、「サッカーは楽しいものだ」と集中的に教えています。

プレゴールデンエイジの年齢でサッカーが好きになり、興味をもてばもつほど、ゴールデンエイジでの成長が大きくなるからです。

そして、ゴールデンエイジでどれだけ成長できるかがお子さんのサッカー人生を左右すると言えるでしょう。

勉強もまったく一緒。

プレゴールデンエイジのうちに勉強に興味をもち、勉強のやり方を体得したお子さんは、その後も勝手に勉強を続けます。ゴールデンエイジでの成長も大きくなり、それが中学校入学以降の学力の伸びに大きな影響を与えます。

小学校低学年までの過ごし方、つまり、プレゴールデンエイジに、どれだけ勉強に興味をもたせるかが大切なのです。

だから、元々子どもが興味をもっている「遊び」に勉強を取り入れてください。

遊びながら勉強すれば自然と好奇心が育ち、ゴールデンエイジに向けた準備を整えることが簡単にできるでしょう。

メリット③　時間もお金もかけずにできる

　この本で紹介する学習法は、仕事に子育てに忙しい、働くお母さんのために編み出したものです（もちろんお父さんでも、おじいちゃんでも、おばあちゃんでも活用いただけます）。

　一つひとつが、5〜10分でできることばかり。特別な準備がなくても、日ごろの生活の中でできることも多いので、**忙しいお母さんの味方と言っても過言ではありません。**

　何を隠そう、私もワーキングマザーのひとり。

　娘が小学生の頃は、毎日がバタバタの連続でした。

　特に、病気になった時は大変です。実家にも夫にも頼れないし、仕事に穴をあけることもできません。時には、病院で点滴をしている娘を置いて、仕事に向かったこともあります。

　「つらい時にそばにいてあげられなくてごめんね」と、あの時のことを思うと涙がこみ上げてきます。

　もしかしたら、今、お子さんに十分に手がかけられないことに罪悪感をもっていて、「子どものために仕事をセーブしようか」と悩んでいるお母さんもいるかもしれませんが、それはお勧めできません。

　人生は山登りのようなものですが、登るべき山は一人ひとり違います。お母さんができるのは、お子さんが登るべき山の入り口に連れて行って、自分の山に挑むお子さんを応援し続けること。

　お母さんにはお母さんの、お子さんにはお子さんの山があるので、お母さん自身の人生を大切にしてほしいのです。

　そもそも、お子さんのために時間をかければかけただけ、お子さんが頭のいい子に育つわけではありません。ですから、仕事をセーブして、子どもに時間をとることを考える前に、**どうしたら一緒に過ごせる時間を濃密なものにできるか**を考えてみてはいかがでしょうか。

本書でご紹介する学習メソッドを実践するお母さんの８割以上は、仕事をもつワーキングマザー。毎日が戦場のように忙しく、宿題をさせるのがやっとの状態です。

　でも、一緒に過ごせる時間が短いからこそ、毎日の生活の中で工夫を続け、楽しく遊ぶように勉強するお子さんを育てようとしています。「遊ぶように勉強する！」は、働くお母さんのものです。

　ぜひ一緒に始めてみませんか？

メリット④　子どもの自立につながる

「勉強ってなんのためにするの？」

　お子さんからそう聞かれたら、あなたはどのように答えますか？

　これは、お母さんにとって、とても大切な質問です。

　私は、**勉強は、自分の人生を自分で切り拓く（＝自立する）ために必要だからやるものだ**と思っています。

お子さんの自立のために大切なことは第4章で詳しくお伝えしていきたいと思いますが、かつてのように、単に勉強ができて学歴が高いだけで自立できる時代ではなくなってきました。自分で考えて、自分で行動していく力がこれまで以上に求められるようになっているのです。

私たち親にとって、子どもが自分で考えて、行動できるような力を身につけさせることが欠かせません。

勉強を遊びに変えると、いつの間にかお子さんが自分から勉強を始めるようになります。

楽しいからもっと知りたくなる。

だから勉強をする。

そして、もっともっと知りたくなって、さらに勉強を続ける。

ひとつの遊びをきっかけに、こんなサイクルが生まれます。

そんな経験がいずれ、**「好きだから、将来自分の仕事にしてみたい」「好きなことを仕事にできるように努力しよう」** という気持ちへとつながっていくのです。

楽しく遊ぶように勉強したお子さんは、こうして自分で考えて自分で行動する力を身につけ、楽しくイキイキと仕事をする大人へと成長していきます。

自立というとまだまだ先のように思えるかもしれません。

でも、**「好きだからやりたい」「もっと知りたい」という気持ちをもつことが自立の第一歩。**

そのスタートを一緒に切りましょう。

親勉

楽しく遊ぶように勉強する 体験談

杉山薫さん（広島県、4歳男子）

「オレは明智光秀だ！」

「じゃあ、お母さんは織田信長よ！」

4歳の長男との戦いごっこは、歴史人物になりきって対戦しています。

私は4歳と1歳の男の子を育てながら、フルタイムで働くワーキングマザーです。

長男が0歳の時に始めた通信教育は、うまく使えずに、ただただ増えていく付録にうんざりしてしまって、途中で解約。

「何か習い事をさせたほうがいいのかな。でも、このわんぱくボーイにやらせてできることなのだろうか……」

そう悶々としながらも、テレビに子守をしてもらっている状態に自己嫌悪。

「これではいけない」という思いと、「どこの家もこんな感じでしょ」と、自分を正当化し、諦めているところもありました。

そんな時に親勉に出会ったのです。

「とにかく一度試してみよう！」と最初に歴史人物トランプを購入しました。

すると、「お母さんトランプやろう！」と、長男から毎日言ってくるようになったのです。

当時3歳の長男は、2ヶ月ほどで53人の歴史人物全員を覚え、今ではお友だちのような感覚でいます。

冒頭の戦いごっこはもちろんですが、お風呂でお店屋さんごっこをする時は歴史人物がお客さま。

　以前と変わらず、ヒーローものも大好きで、毎日見えない敵と戦っています（笑）。でも、中大兄皇子や平清盛が、仮面ライダーたちに混じって出てくるのです。

　長男は現在、市内で一番園児数の多い保育園に通っています。

　残業で遅くなった日、朝一番に登園した長男が、一番最後まで待っている。申し訳ない気持ちでいっぱいの私に駆け寄ると、尖った折り紙を見せ、「雪舟の筆をつくったよ！」。

　丸めた広告は、「聖武天皇のしゃく！」。

　色紙で切り貼りした顔は、「これは坂本龍馬だよ！」。

　こうして、いつも得意げに笑って見せてくれるのです。

　その笑顔にいつも救われています。

　最近では、歴史人物のゆかりの地がどの位置にあるのか地図で教えて欲しいと言うようになりました。

　春には大好きな後醍醐天皇のゆかりの地、吉野に桜を見に行こうと、しっかり約束させられています。

　忙しい毎日に変わりはありませんが、豊かな親子の時間を手に入れることができました。

第 **2** 章

楽しく遊ぶように
勉強する子になる
メカニズム

楽しく遊ぶように勉強する子になるメカニズム①
まずはお母さんが楽しむ

子どもは親が楽しんでいることに興味をもつ

　お子さんを楽しく遊ぶように勉強する子に育てるために最初に行なってほしいのは、「地図を貼ること」でも、「辞書を買うこと」でもありません。
　お母さんが、勉強に興味をもつことです。
「なんだ、そんなことか」と思うかもしれませんが、これがないといくら教材を準備しても思ったように効果が出ないこともあるほど、とても大切なポイントです。
　野球やサッカーが好きな親に育てられたお子さんは野球やサッカーが好きになりやすいし、編み物やお菓子づくりが好きな親に育てられたお子さんは編み物やお菓子づくりが好きになりやすいのと原理は同じで、**お子さんは、親（特にお母さん）が興味をもっていることには自然と興味をもちます。**

　とは言え、口では「勉強は楽しいよ」と言っていても、行動が伴っていないのはＮＧ。
　「勉強は楽しいよ」と言ってはいるものの、ずっとスマートフォンを見ていたり、ファッション雑誌を読んでいたりすれば、お子さんはスマートフォンや雑誌のほうに興味をもつのがふつうです。
　いつまでたっても勉強しようとは思わないでしょう。
　お子さんは、私たちが思う以上に、お母さんの姿をよく見ているのです。

壁に地図を貼っても、リビングに辞書を置いても、お母さんが見なければお子さんにとっては単なるインテリアと同じ。
　でも、お母さんが見ると、「何かおもしろいことが書いてあるのかな？」とお子さんも自然と見るようになるのです。

習い事よりも普段の会話を変えよう

　そう考えていくと、**お子さんの力を伸ばすうえで何よりも大切なのは、お母さんが一緒に楽しめるものに取り組むこと**と言い換えられるかもしれません。
　習い事や早期教育など、お子さんのためだと思って、我慢してやっているものはありませんか？
　いくらお子さんのために良いと思っていても、お母さん自身が好きではない、興味のないことであれば、残念ながらあまり効果はないでしょう。

嫌々興味のないことに取り組むよりももっと簡単で、効果が高いことがあります。 それは、**お母さんが勉強に関する言葉を普段から口に出す** ことです。

勉強と言っても、難しい本を読んだり、漢字の練習や計算問題を解いたりしてくださいと言いたいわけではありません。

たとえば、一緒にスーパーに行った時に、

「納豆の"納"は"いとへん"だね」

「そろそろ苺がおいしい季節だね。苺と言えば、栃木県が有名だね」

などと声をかけるだけで十分。

こうして口に出すことで、お母さんが「興味をもっている」ことが伝われば、お子さんも自然と興味をもつようになるのです。

そうすれば、しめたもの。

遊ぶように勉強する準備の第一歩は整ったと言えるでしょう。

本書で紹介するのは、勉強を遊ぶメソッド。

遊びが楽しいのは大人も子どもも同じなので、お子さんのためにやっているうちに、いつの間にかお母さんが夢中になっていたというのもよく聞く話です。

「勉強は苦手だから」と構えることなく、まずは気軽な気持ちで始めてみてください。

楽しく遊ぶように勉強する子になるメカニズム②
お子さんに勉強を教えてはいけない

> 「勉強を教えなければいけない」と思い込んでいませんか？

　お母さんは、お子さんに勉強を教えなければいけない。

　もし、そういう思い込みがあるのだとしたら、今すぐに考えを変えたほうがいいでしょう。

　はっきり言うと、お母さんが教えて勉強ができるようになったとしても何の意味もありません。

　それは、お子さんの実力ではなくて、単にお母さんが先取りして先導しているからです。**お子さんの学力がついたわけではなく、ただお母さんの真似をしているだけ**なのですから。

　そもそも「親が教える」というスタイルの勉強は、すぐにうまくいかなくなります。

　お母さん、お父さんが教えられないレベルの勉強になったら、今度は誰に教えてもらえばいいでしょうか？

　「塾に行く」というのが、たいていの方がとる行動です。

　では、塾で教えられなくなったら、どうしますか？

　大学受験や資格の試験までは何とかなるかもしれませんが、**塾や予備校が教えられないことは必ず出てきます。**たとえば、就職活動の志望動機や自己ＰＲ、就職後の企画書、報告書などは、自分で考えなければいけないものですね。

　「わが子は、自分で考える経験をしてこなかった!?」

　お子さんが大人になり、いざ、自分で考えなければいけなくなった

29

時にそう気づいても、子育てをやりなおすことはできません。

お子さんを教え、先導してくれる人は、いつかは必ずいなくなってしまいます。だからこそ、教えること、先導することはできるだけ早くやめてほしいのです。

「アナウンス」で勉強を楽しむためのアンテナを立てよう

とは言え、お母さんが何かしらの働きかけをしなければ、お子さんが自分から勉強するようにはなりません。

そこでお子さんに対してやってほしいことがあります。

それは、**「アナウンス」**です。

テレビＣＭのようなものをイメージしてください。

15秒、30秒という短い時間で、一日に何度もくり返し、視聴者に情報を届けるテレビＣＭのように、**勉強に関する話題、キーワードを「短く、何度もくり返す」**ことがアナウンスのポイントです。

たとえば「今、高知県に台風が来ているのね。高知県と言えば鰹が特産物だね」といった具合です。

いきなりアナウンスするのはハードルが高いという場合は、まずは地図やポスター（別冊参照）を貼るだけでもかまいません。

貼るだけでお子さんは興味をもち、「何が書いてあるのだろう」と見るようになります。もちろん、お母さんも見るようにすることがとても大切だというのは、すでにご紹介したとおりです。

じつはこの地図やポスターは、お母さんがアナウンスするためのカンニングペーパーでもあるのです。

ポスターがあるだけで、一気にアナウンスしやすくなるはずですよ。

アナウンスの目的は、お子さんの頭にアンテナを立てることにあり

ます。

「知識は人生を彩る」——これは私が好きな言葉なのですが、**先に知識が頭に入っていると、「なるほど！」と思えるチャンスが増える**のです。

本書では、就学前の幼児にも漢字や歴史を勉強してもらうことになります。

たとえば、遊びを通して漢字に興味をもち始めると、就学前の幼児でも見よう見まねで「約束」などの漢字を書けるようになることがよくあります。

お子さんは、見よう見まねで書いているので、書き順はメチャクチャ。当然、読み方もわかっていませんが、書き順や音読み、訓読みなどは、何も教えません（聞かれたら答える程度です）。

そんなお子さんが小学校にあがって先生の授業を聞くと、新たな発見をするでしょう。

「あ、この漢字ってここから書き始めるんだ！」
「漢字には音読み、訓読みっていうものがあるんだ！」

学校では、これまで身近だった「漢字」について知らなかったことを新たに教えてくれるので、自然と前のめりになります。**家でやっていた「遊び」がアンテナの役割を果たして、知識が吸収しやすくなる**のです。

「なるほど！」は、勉強を通して得られる快感のひとつ。**「勉強っておもしろい」「もっと知りたい」**と思うきっかけとなるものです。

だから、家では、漢字の書き順や訓読み、音読みなどを教えないでください。**先に教えてしまうと、先生の話を聞いて発見する楽しさが半減してしまう**からです。

「義務教育」という言葉のとおり、授業は受けなければならないもの。だったら、そんな義務を少しでも前向きなものにする方法を考えるのは、親の大切な役割ではないでしょうか。

「すべての都道府県の名前と場所を覚えているか自信がない」
「学生の頃、歴史も理科も苦手だった」
　そんなお母さんでも大丈夫。
　教えなくてもいいのですから、気楽に取り組んでみましょう。

楽しく遊ぶように勉強する子になるメカニズム③
勉強させようと思わない

勉強させようとしてはいけない

「勉強させようと思わないでください」

　私がそうお伝えすると、驚いた顔をされるお母さん、お父さんが多くいらっしゃいます。
「勉強法を教えると聞いているのに、何を言っているのだろう」と思うのかもしれませんが、これもとても大切なポイントです。

　遊びが嫌いな人間は、大人も子どもも、おそらく一人もいません。
　たとえ体調が悪くても、どんなに仕事が忙しくても休日はゴルフに出かけるお父さんがいるように、遊びは誰かに言われなくても、むしろ誰かに止められたとしてもやり続けます。
　勉強を、「やりたくて、やりたくてたまらないもの」にするのがこの本の目的。
　子どもはもちろん、大人も、誰かに何かを言われなくても続けられるのは遊びだけ。だから、勉強させようとせずに、遊ばせるつもりで取り組んでほしいのです。
　すると、**勉強と遊びの境目がとてもあいまいになり、勝手に勉強を始めるようになる**のです。

「遊び」だから、正解・不正解はない

　あるお母さんが、普段から部首探しゲーム（あとで紹介します）を

33

している４歳のお子さんと一緒にスーパーに行った時のことです。

「ママ、"にんべん"見つけたよ！」

そう言うので見てみると、「ハロウィン」の「ィ」を指していました。

当然ですが、「ハロウィン」の「ィ」は"にんべん"ではありません。

ですが、ここで、「ちがうよ。それはカタカナの"イ"で"にんべん"ではないよ」と間違いを指摘せずに、「すごいね」「よく見つけたね」と褒めてあげましょう。

正解、不正解よりも大切なことは、お子さんが部首探しに熱中していること。 興味をもって自分からやっていることを褒めてあげてほしいのです。

そもそも、４歳のお子さんに一生懸命説明したところで、"にんべん"とカタカナの"イ"の違いを理解させるのは難しいでしょう。

勉強を遊ぶ目的は、夢中になって楽しむこと。**ワクワクしていることが、何よりも大切**です。

意味や効率的なやり方は、あとからいくらでも教えてもらうことができます。でも、「楽しい！」「おもしろい！」と感じることは、お母さんが教えるものではありません。お子さん自身が自分で感じないと経験できないものなのです。

「勉強を教えている」「勉強をやらせなければ」という気持ちでいると、どうしても「間違いを直さなければいけない」という気持ちが芽生えてしまうかもしれませんが、それは逆効果です。

これは遊びです。だから、**楽しければ正解、つまらないことは不正解！**

お母さんも「勉強」だと思わず、一緒に遊んでしまいましょう。

34　第2章●楽しく遊ぶように勉強する子になるメカニズム

楽しく遊ぶように勉強する子になるメカニズム④
毎日の習慣に取り入れる

ムリなく続けよう

「賢い子を育てるためには毎日の習慣が大事」

これはよく言われることですが、ここで私がお伝えしたい「習慣」は、学校や塾でよく言われるような、「勉強するお子さんを育てるために毎日○分机に向かうことを習慣にしましょう」といったことではありません。

そうではなく、**「今ある生活習慣に勉強をプラスしましょう」**というのがここでお伝えしたいことです。

今ある生活習慣とは、食事の時間、お風呂の時間、トイレの時間、登下校の時間などのこと。

たとえば、おやつを食べながら「今日のおやつのりんごは青森県産だよ。青森県はラクダみたいな形をしているよね」などとアナウンスすることができれば、おやつを食べながら小学校4年生でやる日本地図の勉強をすることもできます。

これなら**仕事や家事に忙しいお母さんにも、負担なく始められる**はずです。

忙しくてもできる方法があります

仕事に忙しいお母さんは、どんなに早く帰れたとしても帰宅は18時、19時。

それからご飯を食べさせて、お風呂に入れて、着替えをして、早く寝かせようとすると、**お子さんに勉強を教える時間などないのがふつう**です。

こうしてお子さんに手をかけられないことにストレスを溜めているお母さんをたくさん見てきました。

私も仕事をしながら子育てをしてきたので、そのつらさはよくわかるつもりです。

だから、忙しくてもできる学習法を第3章では紹介していきます。**すべてやる必要はありません。できることだけをやりましょう。**

今ある生活習慣にプラスするだけなら、ご飯を食べながらでも、お風呂に入りながらでもムリなく続けることができます。

詳しくは第3章でご紹介しますが、
・**テレビを見ながら**
・**ご飯を食べながら**
・**おやつを食べながら**
でもできる勉強のやり方があります。

ほんのちょっとした工夫次第で、何気ない生活の場面を勉強に変えることができるのです。

1日5分でいいので、毎日の習慣の中に取り入れてみてください。

そうした**5分、10分の積み重ねが、遊ぶように勉強し、いつの間にか勝手に勉強する子へと変わるきっかけになる**のです。

楽しく遊ぶように勉強する子になるメカニズム⑤
お子さんの年齢に合わせない

「ひらがな」はやらなくてもいい！

　本書でご紹介する学習法に取り組むお子さんの年齢は、4歳〜小学校中学年がほとんど。

　個人的には、勉強を始めるのは4歳からで十分だと考えていますが、早く始めても問題ありません。実際に、1歳から始めたご家庭、中には胎教からやっているというお母さんもいます。

　ですが、**どんなに小さなお子さんでも、小学校中学年以上に相当する内容しか扱いません。**

「うちの子はまだ文字が読めないから"ひらがな"から始めたほうがいいのではないでしょうか」

　こうした質問をよく受けます。

　ここで考えてほしいのですが、今の日本で「ひがかな」を書けない大人はいるでしょうか。

　おそらくほとんどいませんね。

　ひらがなを書けない小学校3年生もほとんどいないでしょう。

　ある一定の年齢になると、ほとんどのお子さんはひらがなを書けるようになります。

　ある一定の年齢になれば誰でも当たり前にできるようになる勉強に、時間とお金をかけるのは合理的ではない、というのが私の考えです。毎日、仕事に子育てに忙しいお母さんだったら、なおさらそう思うはずです。

それに、**じつは幼児にとって、ひらがなは覚えにくいもの**です。

ひらがなは、すべて右回りの字で構成されています。右回りの字とは、「あ・お・め・の」などのように右の部分がくるっと丸まっている状態の字のことを言います。これらは、幼児には見分けがつきにくいのです。

だから、**年代的にも、幼児がひらがなを学ぶのは合理的ではないの**です。

でも、今は「小学校に入る前にひらがなを書けるのは当たり前」という認識が定着しつつあるのも事実。

たしかに小学校入学当初、ひらがなが書けると、学校の勉強についていくのはラクになるでしょう。

でも、その効果が続くのは、せいぜい小学校1年生の夏休み前まで。**そうでなくても忙しい毎日で、たった数ヶ月間だけのために、勉強に時間を費やすのは、あまりお得とは言えませんよね。**

「他人と差がつくもの」をやろう

いい学校に入ることが第一だとは考えていませんが、勉強の先には、必ず受験があります。

今の教育システム上、それは避けることができません。

シンプルに考えると、**受験は、よそのお子さんにいかに点数差をつけるかで合否が決まる**もの。

ですから、どうせ勉強をするなら、よそのお子さんと確実に点差がつくものをやったほうがお得ですよね。

だったら、**いずれは誰でも書けるようになるひらがなに時間とお金をかけるよりも、誰でも当たり前にできないことに時間とお金をかけたほうが、より合理的で、受験にも勝ちやすい**と考えられるのではな

いでしょうか。

　たとえば中学受験で、ひらがなや数字の書き取りが問題に出ることはありません。出題されるのは、漢字や慣用句、四字熟語、地理や歴史、植物や月の満ち欠けなど。

　たとえ中学受験をしなくても、ほとんどのお子さんは、高校受験を経験します。漢字や慣用句や四字熟語、地理や歴史、植物や月の満ち欠けは、高校受験でも出てきます。

「確実に出題されるとわかっているものをやらないのはもったいない」 と思いませんか？

　年齢に合わせた目先の勉強よりも、**「この勉強はどこにつながっているのか？」** を考え、必要な勉強に時間を使ってみてはいかがでしょうか。

親勉

楽しく遊ぶように勉強する　体験談

ふじよしみすずさん
（大阪府、3歳女子）

　娘が3歳、年少になってまもない頃、親勉に出会いました。

　その頃の私は、2人めを出産し育児休暇中でした。元々正社員で働いており、育児・家事・仕事に追われて日々を過ごしていた私は、「時間がない！」を理由に、娘にはまだ習い事も何もさせておらず、「まだ小さいし、勉強はこれからでいいかな？」と漠然と思ってはいたものの、正直なところは不安でした。

　2人めの育児休暇明けには、2人の子育て・家事・仕事とさらに時間がなくなってしまいます。でも、その頃には、勉強を見てあげないといけない。どうしたらいいんだろう。

　そして何より「時間がない！」と、子どもと遊ぶ時間もままならない生活をしていたため、「これからどうしていけばよいか」そう思い悩んでいた頃でした。

　親勉に出会った時、「3歳で覚えられる？」と半信半疑で始めたのが、日本地図。

　リビングとお風呂に日本地図を貼り、親勉都道府県カードで1日1回遊ぶだけ。

　お風呂につかりながら娘が指をさした都道府県を「ここは北海道だね。人参とジャガイモ、玉ねぎ、鮭が有名だね」と地図に書いてある特産物を遊びながら言っていました。

　すると2〜3日後、テレビの天気予報の日本地図を見て「北海

道！」と言うようになりました。

　1週間後には、天気予報を見てはリビングに貼った地図に指を
さしに行くようになりました。

　1ヶ月後には、あっという間に都道府県を全部覚え、心底驚き
ました。

　スーパーに娘を連れて行けば、娘があちこちウロウロして、時
間がかかっていた買い物も、私にピッタリとくっつき、一緒に野
菜や果物を見て、会話をするようになりました。

　親勉を始めて何よりも良かったのは、子どもとの時間の過ごし
方が変わったことです。

「時間がない！」と毎日を過ごし、これからの将来に不安を覚え
ていた頃とは違い、娘と過ごす毎日10分くらいの時間が楽しく、
笑い声が絶えない時間になりました。しかも、その時間が勉強に
つながっています。

　遊ぶように勉強し、楽しく穏やかな時間を過ごせていることが、
私にとって何よりの財産です。

第**3**章

勉強を遊びに変える！1日5分からできる親勉メソッド

勉強を遊ぶスタートにお勧めなのは、漢字の「部首」

漢字を早期学習するメリット

　いよいよここから、「勉強を遊ぶ」メソッドを紹介していきます。
　よく聞かれるのが、**「何から始めればいいですか？」**という質問です。
　基本的には、**お母さんが好きな科目、興味がある科目（英語が好きなら英語、歴史が好きなら歴史、理科が好きなら理科など）から始めていただきたい**のですが、特別好きなものや得意なものがない、という方にお勧めしたいものがあります。
　それは、**漢字**。しかも、**部首**です。

　みなさんご存知のとおり、漢字は小学校・中学校・高校、そして大人になってもずっと使うもの。中学受験にも、高校受験にも、大学受験にも出題される、いわば必須知識です。就職の一般常識試験に出題されることもあります。
　一方、ひらがなを早めに学習しておいて得をするのは、せいぜい小学校入学からの数ヶ月間だというのは、先ほどお伝えしましたね。
　漢字から始めてほしいのは、この「有効期間」が理由です。
　小学校入学から数ヶ月間しか使えないポイントカードと、小学校入学から高校、大学まで10年以上使い続けられるポイントカード、どちらのポイントを貯めようと思うでしょうか。
　後者のほうが、もちろんお得ですよね。

ただし、勉強することのメリットが大きい一方で、苦痛を伴うのも漢字の特徴です。

小学生の男の子が一番嫌がる宿題は、漢字の書き取りです。しかもこれは、6年間続くものです。

さっさとやれば10分で済む宿題に1時間以上かけて取り組む男の子と、そんな様子にイライラするお母さんの攻防戦——。

もしかしたら、今まさにそんな経験をなさっている方もいるかもしれません。

しかし、**「部首遊び」を始めることで、そんな悩みがあっという間に吹き飛びます。**苦痛だった漢字の書き取りに前のめりになって取り組むようになるお子さんを、これまでに何人も見てきました。

漢字の宿題に手を焼きたくなかったら、今すぐ「部首遊び」を始めてください。

漢字の次は語彙力、表現力

優先度第一位は、なんと言っても漢字の部首ですが、余裕があるようなら、**「語彙力」「表現力」を強くする遊び**にも取り組んでみてください。辞書遊びや、表現力・文章力アップにつながる言葉遊びも紹介していきます。

語彙力、表現力、文章力は、ほかの科目の基本となるもの。

遊びながら高めていきましょう。

国語を遊ぼう①
部首探しゲーム

　もしかしたら、「部首って子どもには難しいのでは？」と思う方もいるかもしれません。

　しかし、**幼児にとって部首は、とても覚えやすいもの**なのです。

　よく見ると、部首はひらがなよりもずっと単純な形をしています。**五角形と六角形の見分けがつかない幼児でも、「さんずい（氵）」「にんべん（亻）」「しんにょう（辶）」の違いを見分けるのは簡単なこと**なので、安心してください。

　部首に興味をもつと、普段の生活でも部首探しを始めるお子さんが多いものです。

　道を歩いている途中で看板を見ながら部首を探す――ここまでくれば、かなり漢字に興味をもち始めているので、小学生になったとき、**漢字の書き取りの宿題にも前向きに取り組めるようになる**でしょう。「部首遊びを始めてから書き取り練習を楽しむようになった」という小学生もたくさんいるので、幼児だけではなく、小学生のお子さんにもお勧めです。

　では、早速始めましょう。

ステップ①　「部首ポスター」を用意する

　別冊の**「部首ポスター」**を取り出します。

　コピーをして、リビングなど、いつも見えるところに貼っておきましょう。**「貼って終わり」「見るのは遊ぶ時だけ」**ではなく、お母さん

も頻繁に見るようにします。すると、お子さんも自然と興味をもつでしょう。

ステップ② お題を決める

「部首ポスター」を見ながら、今日のお題を決めます。
たとえば、このようにお子さんに伝えます。

- （家で）「郵便物の中から、お父さんの名前にある"いとへん"とお母さんの名前にある"のぎへん"を分けて」
- （家で）「このチラシの中から"もんがまえ"を探そうね」
- （スーパーで）「野菜売り場の中に"くさかんむり"がいくつあるか数えてみよう」
- （道端で）「前の車のナンバーに書いてある地名の部首は何かな？」

ステップ③ 新聞やチラシを用意して部首探しをする

新聞やチラシを手渡して、お題の部首を探していきます。
外出中の看板など、**文字が書かれているものであれば何でもゲームの素材になるので、工夫してみてください。**
また、次のように**「競争」を取り入れる**とさらに盛り上がるのでお勧めです。

- 「早く○個見つけたほうが勝ち！」
- 「○秒でたくさん見つけられたほうが勝ち！」

> **ポイント**
>
> ☑ **まずは、貼り出したポスターを見ながら、お子さんに向かって一方的に話しかけることから始めましょう**
>
> （例）お父さんの名前が、「毅」だった場合
>
> 👩「お父さんの毅っていう漢字には、"るまた"があるのね」
>
> 👩「お父さんの毅っていう漢字にある部首って何だろう？」
>
> ☑ **なかなか部首を覚えなくても焦らない！**
>
> お子さんがなかなか部首に興味をもたない、覚えない場合も焦らなくて大丈夫。まずは、アナウンス（30ページ参照）するだけでOKです。それだけでも、お子さんは次第に覚えていきます。

部首ビンゴ

もうひとつ、部首を使った遊びを紹介します。
その名も、**「部首ビンゴ」**。
「ビンゴ」は、言わずと知れたゲームのひとつ。
別冊の「３×３」または「５×５」のビンゴのマスを使って、部首ビンゴをしてみましょう。

ステップ①　ビンゴのマスを準備する

〈幼児〉
「部首ポスター」 と **「３×３のビンゴのマス」** を使います。ポスターを見ながら、赤い部分の部首のみを書き移します。お子さんが自分で書くのが難しい場合は、お母さんが書いてあげても良いでしょう。

〈小学校１年生〉
「部首ポスター」 と **「５×５のビンゴのマス」** を使います。
ポスターを見ながら、お子さんに自分で漢字を書き移してもらいます。

〈小学校２年生以上〉
「部首ポスター」 と **「５×５のビンゴのマス」** を使います。お子さんに、自分で思いつく漢字を書いてもらいます。書ける漢字が少ない場合は、ポスターを見ながら書いてもよいでしょう。

漢字を書き移す際は、次のように声をかけます。

- 「自分の名前、漢字で書ける？」
- 「お母さんの名前、漢字で書いてみて」
- （書けない場合）「お母さんの名前は、こういう漢字だから自分で書いてみて」
- 「ポスターのこの漢字、まだ学校で習っていないけど書けるかな？」
- 「学校で習っていない漢字を書けるなんてすごいね」

ステップ② ビンゴで遊ぶ

〈幼児〉〈小学校1年生〉

　ポスターの上に10円玉などを置き、お母さんとお子さんで交互に指ではじきます。

　そして、コインが止まったところの部首をお母さんが読み上げます。読み上げた部首と同じものがあったら、消すことができます。何も書いていないところに止まった時は、「1回休み」になります。

「きへん」に止まったら、**"きへん"はあるかな？**と声をかけたり、**これでリーチだね**、**惜しい！"りっしべん"が出ればビンゴだったね**などと盛り上げながら進めます。

〈小学校2年生以上〉

　新聞やチラシを準備します。

　それを読んでいき、書いてある漢字と同じ部首の漢字がビンゴのマスに書かれていたら、消すことができます。

　このときも、**何があるかな？**　**これでリーチだね！**など、声をかけて、盛り上げながら進めましょう。

　こうして、縦、横、斜めのどこか1列が揃ったら「勝ち」です。

3×3のビンゴマスを使用する場合は、**「2列消すと勝ち」**という
ルールにすると、さらに盛り上がります。

> ポイント
>
> ☑ **書き順や字の美しさは求めない**
> 　お子さんが自分でビンゴのマスに漢字を書く場合、書き順の正しさや字の美しさを求めないでください。この遊びの目的は、部首を通して漢字に興味をもってもらうこと。書き順や字の美しさは無視して、楽しむことを優先してください。

国語を遊ぼう③
辞書で遊ぼう（すらすら字が読めるお子さん向け）

字が読めるようになったら、国語辞書を使って遊びましょう。
国語辞書で遊ぶメリットは、言葉に興味をもつようになること、それから「調べる」ことを面倒に思わなくなること。

学力低下の一例として挙げられるのが、貧弱な語彙力です。「この宿題難しかった？」という質問に対して「ふつう」、「このお菓子おいしかった？」という質問に対しても「ふつう」。

こんな会話を見かけることがありますが、これが許されるのは学生時代だけ。普段このようなやり取りをしているのだとしたら注意が必要です。

四字熟語や慣用句に興味をもつのには時間がかかりますが、辞書遊びは、その入り口として効果的です。ぜひ試してください。

アドバイス

辞書選びのポイント

- **辞書は、次のものを選びましょう**
  ①漢字にすべてルビ（読みがな）がついているもの
  ②解説文が理解しやすいもの（同じ言葉を数冊の辞書で引き、解説文を読み比べて、一番しっくりくると感じた解説文が書いてあるものを選ぶ）
- **辞書についている付属の箱、透明なカバーは外す**
  すぐに使えるようにしておきます。
- **辞書はリビングのテーブルの上に置きっぱなしにする**
  辞書に慣れると、知らない言葉が聞こえてくると、すぐに辞書で引くようになります。
- **辞書は「本を読む」ように使う**

ステップ① 付せんを用意する

1から100まで通し番号を書いた付せんを用意します。
100まで使い終わったら、101からの通し番号を書いて使います。

ステップ② 2〜3文字の言葉を引かせる

辞書に慣れるまでは、2〜3文字の言葉を引かせます。
「あめ」「くり」「あたま」「パンダ」など、お母さんが読み上げます。

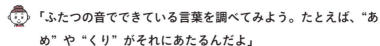
「ふたつの音でできている言葉を調べてみよう。たとえば、"あめ"や"くり"がそれにあたるんだよ」

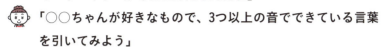
「○○ちゃんが好きなもので、3つ以上の音でできている言葉を引いてみよう」

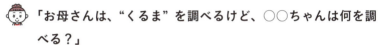
「お母さんは、"くるま"を調べるけど、○○ちゃんは何を調べる？」

同じ「あめ」を引いても、「雨」と「飴」など複数の言葉があるため、自分がどちらの「あめ」を調べたいのか説明文を読んで自分で判断させてください

ステップ③ 調べた言葉に鉛筆で印をつける、言葉の上（または下）に付せんを貼る

自分で調べた言葉に、鉛筆で印をつけてもらいます。

また、調べた言葉の上（または下）に、ステップ①で準備した付せんを貼ります。付せんには、調べた言葉を書いておきます。

 付せんを貼ることで達成感、モチベーションアップにつながります

ポイント

- ☑ ねらいは「辞書に慣れ親しむこと」
  だから、答え合わせはしない、間違えてもOK！
- ☑ できそうであれば、説明文を音読する
  小学校低学年のうちは、こうした説明文に触れる機会がないので音読はとても効果的です。

  「（調べた言葉の説明文を読みながら）
  「へー、"くるま"ってこんなふうに説明されているんだね」

  「雨と飴の説明文のところ、読んでお母さんに教えてくれる？」

国語を遊ぼう④
辞書パッと引き
(字をすらすら読めないお子さん／読めるけど書けないお子さん向け)

　もうひとつ、辞書を使った遊びを紹介します。
　その名も、**「パッと引き」**。これは、まだひらがなをすらすら読めないお子さん、読めるけれど書けないお子さんもできる遊びです。

ステップ① 閉じた状態から好きなページを開いてもらう

　お子さんに辞書を渡します。そして、**「好きなページをパッと開いてごらん」**と声をかけ、好きなページを開いてもらいます。

ステップ② 知っている言葉を探す

　「ウォーリーをさがせ！」や「ミッケ！」のように、**開いたページに自分の知っている言葉が載っていないか**を探していきます。
　知っている言葉には鉛筆で印をつけ、付せんを貼っていきます。ひらがなが書ける場合、印をつけた言葉を付せんに書いてもらいます。

- 「どこでも良いから、好きなページを開いてみて」
- 「このページの中で、○○ちゃんが知っている言葉に鉛筆で丸をつけて。鉛筆で丸をつけたら、付せんを貼ってみて」
- 「何枚付せん貼れたかな？」
- 「丸をつけたところの説明文、読めるかな？」

国語を遊ぼう⑤
禁止用語調べ

　辞書を使った遊びを2つご紹介しましたが、これでも辞書に興味をもたないお子さんのために、とっておきの方法を伝授しましょう。
　それは、**「禁止用語調べ」**。普段は禁止しているような汚い言葉や下ネタをあえて調べる、という秘儀を使います。こんな調べもの、特にやんちゃな男の子は大好き。きっと大いに盛り上がることでしょう。

ステップ① 禁止用語、汚い言葉、下ネタを調べさせる

お子さんに辞書を渡して、このように声をかけてみます。

「『この野郎！』の"野郎"を調べてみよう」

「"うんち"と"うんこ"の意味ってどう違うのか調べてみようか」

ステップ② 説明文を音読させる

　たとえば、「野郎」。「この野郎！」などと男の子は使いたがりますが、「男性」を指す言葉です。説明文を読めば、それが理解できるでしょう。そこで、このように声をかけると、しつけとしても効果的です。

「野郎って、男性にしか使わない言葉なんだ。じゃあ、女性のママに使ったら、日本語として間違っているのね」

国語を遊ぼう⑥
作文に強くなる！　形容詞インタビュー

　国語の最後にご紹介するのは、作文に役立つ遊びです。
　お子さんの苦手な宿題のトップは、作文であると言っても過言ではありません。 作文を書くのが苦手なお子さんはたくさんいます。
「きのうお母さんと一緒に買い物に行きました。欲しかった自転車を買ってもらいました。うれしかったです」
　このような何のおもしろみもない文章を書くお子さんが後を絶ちません。こうした文章を書いてしまう一番の問題は、「いつ、どこで、誰が、何を、どうした、その時どう思ったのか」という作文の型ばかりが教えられることにあります。これでは、貧しい表現しかできなくなってしまっても仕方のないことです。
　でも、早い段階から表現力を高めることができる遊びがあります。それが、ここで紹介する形容詞インタビューです。
　ここで出てきた言葉をそのまま文章にすれば、オリジナリティのある作文を書くことができます。

ステップ①　子どもが「うれしい」などの形容詞を言うのを待つ

　形容詞とは、**「うれしい」「楽しい」「悲しい」「寂しい」「苦しい」「かっこいい」「悔しい」** などのことです。
　子どもが形容詞を口にしたと思ったら、ステップ②のようなインタビューをしてみます。

ステップ②　形容詞を「五感」で表現してもらう

五感とは、視覚、聴覚、嗅覚、触覚、味覚のことです。

たとえばこんな具合でインタビューをしていきます。続けていくうちに、オリジナルの言葉が出てくるようになるでしょう。

- 「"うれしい"って何色だと思う？」（視覚）
- 「"うれしい"ってどんな音がすると思う？」（聴覚）
- 「"うれしい"ってどんなにおいがすると思う？」（嗅覚）
- 「"うれしい"ってどんなさわりごこちだと思う？」（触覚）
- 「"うれしい"って食べたらどんな味がすると思う？」（味覚）

ポイント

☑ **正解はない**
　どんな表現をしても「いいね」「個性的だね」と褒めてください。

☑ **作文では、口にしたことをそのまま書けばOK**
　「〜しました。うれしかったです」の後に、「うれしい気持ちは〜のような味がしました」と一文加えることから始めましょう。これだけでオリジナリティのある作文になります。

親 勉

楽しく遊ぶように勉強する　体験談

✏ **中村由佳莉さん**
（広島県、小2女子、5歳女子、4歳女子）

　当時小１長女の作文は、まさに「出来事ら列作文」でした。

　遠足の作文を書くとなれば、遠足の朝、起きたところから帰って来るまで記憶している限りを書き連ね、最後に「楽しかったです、また行きたいです」で終わる定型文的な作文。

　当時の私は「たくさん書けている、記憶力がいい！」とむしろ作文が得意な子だと思っていました。ところが、親勉を通して、「出来事のら列ではなく、一番心が動いた場面を五感を使って表現する方法」を学びました。それを娘に伝えると、これまで見たこともない臨場感あふれる作文ができあがりました。

　私はとてもうれしくなり、「誰にも書けない世界にひとつの作文ができたね！」と褒めていたのですが、それだけでは終わりません。なんと、娘の書いた作文がコンクールで入賞したのです。

　娘もはじめての賞に大喜び。さらにその作文を全校生徒の前で読むという機会もいただきました。「作文を読むと、近所のお姉ちゃんや校長先生にも褒めてもらえた」と満面の笑みで話をしてくれて、後日、担任の先生がその日の写真をくださいました。壇上の娘は本当に凛々しかったです。

　五感を使った作文を学び、実践したことで、娘の笑顔と自信につながったと本当に感謝しています。

親勉

楽しく遊ぶように勉強する　体験談

✏️ 小早川怜奈さん
（沖縄県、小1女子）

　小学校1年生の長女は、3人姉弟の一番上。もともと読書好きで、学校の授業や大量の宿題を淡々とこなすタイプでした。

　幸い学校の授業につまずくことはなかったものの、下の妹弟にまだ手がかかることもあり、恥ずかしながら今まで長女の学習にかかわる機会がありませんでした。このままではいけないと思っている中、親勉と出会い、これなら長女との時間を濃密にできるのではないかと思い、早速取り入れました。

　中でも長女がはまっているのが国語辞書を使用した遊びです。「1年生に辞書なんてまだ早いかな」とも思いましたが、すべてにルビが書いてあるものを購入。長女は自分専用の分厚い辞書を手にして、ワクワクした様子でした。

　はじめての辞書。

　まずは慣れるために「パッと引き（適当にページを開き、知っている単語、好きな単語を見つけて、通し番号を書いた付せんを上部に貼る）」という遊びをしました。慣れてくると辞書を使ってしりとりの要領で単語を探していき、付せんを貼っていきます。

　知っている単語が載っている、という喜び、そして目的の単語を探し当てるというのが攻略ゲームのようで、あっという間に80個の付せんを使い切りました。

さらに親勉のすごいところが、長女は勉強していると思っていないという点です。彼女はただただ、付せんが増えていく達成感に喜びを感じ、おもしろいからやっているだけ。

　くり返し遊ぶ中で、今ではすいすいと辞書を引くようになり、「もっと知りたい」「これは何という意味なんだろう」「何か調べるものはないかな」とアンテナを張り、学習に積極性が出てきました。

　辞書の定位置は、あえてすぐ手が届く食卓の上。

　今では本やテレビでわからない単語があると、自主的に辞書で調べています。

　最近では食事の際に「玉ねぎはどこの部分を食べているのか」という話題になった時、早速調べてみんなに説明してくれました。

　勉強につまずかなかったため、学校や学習塾に任せっぱなしでしたが、今では生活の中に遊びのように楽しく取り入れることができ、長女との時間がぐんと濃密になっています。

　知識を得ることの楽しさを知った長女のこれからが楽しみで仕方がありません。

数字の基礎体力を
早いうちから鍛えよう

> 漢字の次に多い宿題、それは「計算」

　小学生にとって一番多い宿題は漢字の書き取りだとお伝えしましたが、次に多い宿題は何かわかりますか？

　それは、**計算**です。

　計算は、いわば算数、数学の基礎体力のようなもの。漢字と同じように、大学受験までずっとついて回ります。

　小学校時代、大量の計算問題の宿題に苦労した方も多いのではないでしょうか。また、今まさに、お子さんが苦労しているというご家庭も多いでしょう。

　毎日のように大量に宿題が出されるけれども、お子さんはやりたがらないし、面倒くさがる。だから計算も遅いままという悪循環。

　そんなお子さんの様子を見るに見かねて、「早く計算ができるようになってほしい」と算数ドリルを買い与えたくなる気持ちはわかりますが、それは逆効果です。

　学校の宿題で息切れしてしまっているお子さんが、自分から勉強する可能性は低いでしょう。

　ドリルを買い与える代わりに、計算を遊びに変えてみませんか？

　そうすれば、お子さんは自分からすすんで計算をするようになりますよ。

算数のつまずき３大ポイントに備えよう

「算数、数学は苦手だった」というお母さんも多いかもしれませんが、算数には**「つまずきやすいポイント」**がいくつかあります。

典型的なものは、「分数」「小数」「単位変換」の３つ。

じつは私も、小数、分数が苦手だった一人です。「どうして０以下の数字が存在するのか」「どうして分数は分母が増えると実数は小さくなるか」が、まったく理解できませんでした。

今になって思えば、小学生は普段の生活で、小数や分数を経験することがありません。だから、**ふつうに過ごしていると理解できず、苦手になってしまう**のです。

単位変換も同じ。普段「リットル（ℓ）」「デシリットル（dℓ）」「ミリリットル（mℓ）」などの単位に触れることはありませんから、苦手で当然なのです。

しかし、これを逆に考えれば、**普段の生活に分数や小数、単位変換を取り入れれば、苦手を得意に変えることができる**ということ。

以下では、いつもの生活習慣に分数、小数、単位変換をムリなく取り入れる工夫を紹介します。

おやつで分数

「分数は普段の生活に馴染みがない」と先ほどお伝えしましたが、だったら、**「生活に密着したもの」** に変えてしまえばいいだけのことです。

そこでお勧めしたいのが、**おやつに分数を取り入れる**こと。

次のような流れで、アナウンス（30ページ参照）や言葉かけを行なううちに、自然と分数がどのようなものかがわかるようになります。

ステップ①　まずはアナウンスから始める

まずは、次のようなアナウンスから始めましょう。

最初のうちは、お子さんは何を言っているのか理解できないかもしれませんが、それでもお母さんがこのような声かけを続けると、自然と慣れていきます。

- 👩「オレンジ4つに切ったよ。○○ちゃんは2つ食べるよ」
- 👩「○○ちゃんは4分の2個食べるんだね」
- 👩「ママも4分の2個食べるよ」

ステップ②　慣れてきたら、子どもに同じように言ってもらう

こうしたアナウンスに慣れてきたら、お子さんに同じように言って

もらいます。これをくり返すと、分母が増えていくと実数は少なくなることが、経験としてわかっていきます。

１〜２ヶ月間、**「何分のいくつ食べたい？」**と聞き続け、完璧に言えるようになってから$\frac{1}{2}$、$\frac{2}{4}$、$\frac{3}{6}$が同じ実数であることを、食べ物を見ながら伝えます。

算数

「苺が６個あるけど、何分のいくつ食べる？」

「３個食べるよ」

「じゃあ、６分の３個だね。ママみたいに言ってみて」

「６分の３個食べるよ」

「パンを４等分したけど、何分のいくつ食べる？」

「２個食べるよ」

「じゃあ４分の２個だね。これって２分の１個と食べる量はいっしょだね」

「本当だ！　いっしょだ！」

ステップ③　**さらに慣れたら、角度をアナウンスする**

ステップ③は発展編です。ここまでやらなくても「分数に慣れる」という目的は十分に達成できますが、さらに取り組みたいのであれば、角度を取り入れます。

角度は、ピザやホールケーキ、ホットケーキなど、丸い形で分けられるものであれば、何でも教材として使えます。

角度も小学校の算数で苦手になりやすいもののひとつ。習慣に取り

入れてしまいましょう。

👩「ホールケーキがあるけど、何分のいくつ食べる？」

🧒「4分の1食べるよ」

👩「4分の1は角度で言ったら90度だね。まねして言ってみて」

🧒「90度食べるよ」

ポイント

☑ **教えない、アナウンスするだけ**
　理解してもらうことではなく、分数や角度に慣れさせることが目的です。
　正しく言えるようになることは大切ではないので、教えたり、間違いを正したりする必要はありません。

☑ **大切なのは習慣にすること**
　続けていれば、そのうちお子さんから言い出すようになります。焦らずに続けましょう。

算数を遊ぼう②
コップの代わりに「計量カップ」

　小数と分数、さらには単位変換までできるようになる、とてもお得な学習法があります。

　しかも、やり方はとても簡単です。

　用意していただくのは「計量カップ」のみ。計量カップは、「100㎖」や「200㎖」など、数字が書いてあるものであればどういったものでも問題ありません。この計量カップをお茶や水を飲むときのコップとしてお子さんに与えます。

　手軽にできて、とても効果があるものなので、ぜひ取り入れてみてください。

ステップ① 計量カップに単位を書き込む

　まずは、ふつうの計量カップを勉強ツールに変える準備をします。と言っても、やっていただきたいのはこれだけです。

　油性マジックで、計量カップに次のように書き加えます。

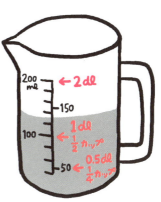

・50㎖のところに0.5d㎖、$\frac{1}{4}$カップ

・100㎖のところに1d㎖、$\frac{1}{2}$カップ

・200㎖のところに2d㎖

ステップ② **計量カップを使って飲み物を飲ませる**

　ステップ①で準備した計量カップを使って、お子さんに飲み物を飲んでもらいます。まずは、次のようなやりとりを20〜30回くり返し、小数と単位変換に慣れてきたらそこに分数も入れて質問していきます。

「お茶、ちょうだい」

「何dℓ飲みたい？」

「1.5dℓ」

「1.5dℓは、何mℓ？」

「牛乳には、何mℓ入っている？　パックに書いてあるから見てみて」

「1000mℓだよ」

「じゃあ、1000mℓって何ℓ？」

「1ℓだよ」

「じゃあ、1ℓって何dℓ？」

「10dℓだよ」

ポイント

☑ **理解しているかどうかは気にしない**
　はじめはとにかく慣れることが大切です。

☑ **お子さん自身に声を出させる**
　お母さんは問いかけたり、くり返し言わせたりします。

算数を遊ぼう③

計算ビンゴ

次は計算です。

計算ドリル、プリント問題……計算力を身につけてもらいたいと思っても、なかなか取り組もうとしないお子さんは多いものです。そこで、そんなお子さんが嫌がる計算を、ビンゴゲームに変える方法を紹介します。

遊びなので、ドリルやプリントをやるよりも、はるかに集中して取り組めるはずです。

ぜひ早速取り入れてみてください。

ステップ①　ビンゴのマスを準備する

別冊にある「ビンゴのマス」をコピーして使います。

３×３のマスに、**１～20までの数字をランダムに書いていきます。同じ数字は書かず、必ず違う数字を書いてください。**

これは、お子さんに自分で書かせます。

このとき、次のように声をかけると効果的です。

👧「これは数字のゲームだよ」

👧「好きな数字を書いていいよ」

👧「同じ数字は２回書かないでね」

ステップ② お題の数字を決める

たとえば「12」などのように、お題の数字を決めます。これは、お母さんが指定しますが、どのような数字でもかまいません。

この数字は、忘れないようにビンゴのマスの上に書いておきます。

ステップ③ 計算ビンゴを始める

ここまで準備ができたらビンゴゲームスタート。

2つの数字を使って四則計算をしてお題の数字になったら、マスの数字に×（バツ）を書いていきます。

たとえば、「12」になる計算には、次のようなものがあります。

　　7＋5、12×1、2×6

計算に慣れるという目的を果たすため、次のようなルールで行いましょう
・1回の計算で使う数字は2つまで（NG例：2×3＋6）
・同じ数字を2回使ってもOK（例：3×4で3と4を消した後、15－3で15と3を消したい場合、3を2回使用できる）

縦横斜め1列にバツがついたらビンゴ。先にビンゴになった人の勝ちです。

1〜20の数字の計算が難しい場合は、1〜10までの数字を使うなど

お子さんの計算しやすい数字の幅に変えます。慣れてきたら、５×５のマスに１～50までの数字を使うなど、マスの数と使っていい数字を増やしていきます。

 お子さんが間違えて計算していないかを確認できるように、欄外に計算の式を書かせると良いでしょう

算数

😊「計算の式は、欄外に書いてね」

😊「ドリルよりも、こっちのほうが簡単で楽しいよね」

😊「お母さんと〇〇ちゃん、どっちが早くビンゴになるかな？」

😊「足し算と引き算だけでなく、掛け算と割り算も習ったから、それも使ってみようね」

😊「お母さんよりも早く計算できるようになってすごいね。今度、お父さんと3人でやってみよう」

ポイント
✓ **楽しめる工夫を！**
　お子さん一人でやらせるよりも、兄弟や親も一緒にやったほうが効果的。バトルのほうが夢中になって取り組めます。

算数を遊ぼう④
足して10になる神経衰弱

　もうひとつ、計算を使った遊びを紹介します。ビンゴよりも、もっと簡単な遊び方です。

　使うのは、自宅にある「トランプ」だけ。**「足して10になる神経衰弱」**という名前ですが、誰もが知っている神経衰弱を、同じ数字のカードを引くのではなく、**「足して10になる数字のカードを引いたら勝ち」というゲームに変えます。**こうすると、楽しみながら計算に慣れることができます。

ステップ① トランプの1〜10を準備する

　自宅にある一般的なトランプのうち、**1〜10のカードだけを使います。** J、Q、K、ジョーカーを抜いたトランプを、ランダムに裏返しにして並べます。

ステップ② 「足して10になる神経衰弱」を始める

　一般的な神経衰弱と同じように、トランプをめくっていきます。**「1と9」**、**「2と8」**など、**「足して10になる数字」**をめくったらカードをもらいます。

　🧓「1を引いたね。次に何を引いたら10になるかな？」

　🧓「2と7を引いたから、足すと9だね。残念！」

- 「5と8を引いたから、足すと13だね。3多かったね」
- 「2と5を引いたから、足すと7だね。3少なかったね」
- 「6と9を引いたから、足すといくつになるかな？」
- 「10＋0は10だから、10はラッキーカード。10は1枚でもらえるよ」

> **ポイント**
>
> ✓ **10が難しいようなら、「足して5になる神経衰弱」をやってみよう**
> まだ計算に慣れていないうちは、使うトランプのカードの枚数を減らしてチャレンジします。「足して5になる神経衰弱」であれば、1〜5までのトランプを使って同じように遊ぶことができます。
>
> ✓ **数字に慣れていないようなら「2並べ」もお勧め**
> 使うカードは1〜3の12枚。2を基準に並べていきます。
> 慣れてきたら3並べ（1〜5のカードを使用して3を基準に並べていく）、5並べ（1〜10のカードを使用して5を基準に並べていく）をやってみましょう。

親勉
楽しく遊ぶように勉強する 体験談

✏️ 星真理子さん
（宮城県、5歳女子、2歳女子）

　私が親勉に出会ったのは、去年の冬。2人姉妹が5歳と2歳の時でした。

　私が仕事をしていることもあり、その頃は、通学する必要のない幼児向け通信教育を受講していました。しかし、自分からやることのない教材は、母である私が気を抜けばあっという間に溜まってしまいます。それでも、次の教材が届く……。教材が溜まれば溜まるほど「お母さんがしっかりしていないから」と責められているような気持ちになりました。

　なるべく優しく、明るく、良い母でいようと、疲れていても笑顔をつくり、「教材をやりましょう」と誘ったのに、娘から断られてしまえば、イライラする。いざ、教材をやり始めても、何度も説明しているのに、覚えてくれないとイライラして、厳しい口調になる。泣かせてしまうこともありました。

「もっと違う言い方をすれば良かった」「あんなに責めることなかった」と、自己嫌悪のくり返しでした。

　そんな中、Facebookで「遊ぶように勉強する」という言葉に、「これだ！！」と思い、東京まで行く決心をしました。

　親勉を家庭に取り入れてから、変化はすぐ実感できました。
　最初に取り入れたのは食卓。
　お水を飲む時に、計量カップを使います。「100mℓよ、1dℓ

と同じだね。どうぞ」。そう聞いた長女の顔は、新しいおもちゃを前にした時のようでした。

　なんとなく覚えてからは「どれくらい飲む？」と質問するように変えました。すると２歳の次女ですら、「100ｍℓちょうだい」と言うのです。長女が1000ｍℓをリクエストした時には、大きなピッチャーを持ってきて、「１ℓだね！」と伝えると、「うわぁ！　こんなに！」と、大笑い。数の大小も感じたようでした。

　ほかにはりんごを食べる時、「８等分にしたよ。いくつ食べる？」と聞き、「４個」と答えれば「８分の４個食べるのね」と分数も取り入れました。

　パンケーキを食べる時には、「４分の１食べたら、角度が90度になっちゃったー！！」と会話をしています。

　すべて食卓での話ですから、以前のように私がヒートアップしてイライラすることはなくなりました。それどころか、毎日の食卓で、どんどん覚えていくわが子にかける言葉は、褒め言葉ばかりに変わりました。

　たくさん褒められることで、勉強が楽しくなった娘は、お出かけにも分度器を持って行き、角度チェックをしています。

　こんなにも楽しく親子で勉強できることを教えてくれた親勉に感謝しています。

興味のアンテナを立てよう

小学校で一番の大量暗記は？

　小学校時代に一番大量に暗記しなければならないものは、何だかおわかりになりますか？
　九九？　それとも漢字？
　いいえ、答えは**社会**です。
　ひとくちに「社会」と言っても、その範囲は、**地理・歴史・公民**と多岐に渡ります。中学受験をする場合は、さらに**時事問題**も含まれます。
　小学校で社会の学習が始まるのは４年生から。
　そこではじめて日本地図を学びますが、この年齢で47都道府県をすべて覚えることは、決して簡単なことではありません。
　しかも、都道府県名をすべて漢字で書けるようにしなければなりません。さらに、高学年になれば県庁所在地や特産物、山川平野盆地まで……大人だってすべて覚えている人ばかりではないでしょうから、小学生でこれを覚えるのがどれだけ大変なのか、想像がつくのではないでしょうか。

　これを逆手にとってしまいましょう。
　つまり、**これらを暗記さえしてしまえば、良い点数はとれる**というわけです。
　もし**幼児のうちから地理に触れ始めれば、４年生で勉強する頃にはかなりの得意科目になっている**でしょう。

大変な勉強だからこそ、小さいうちから遊びに変えてしまうと、その効果は大きくなります。

地理も歴史も、遊ぶように覚えてしまおう

　歴史も同じです。
　難しい漢字ばかりの歴史上の人物の名前を覚えるのはひと苦労。つらい思いをしながら、暗記をした経験をおもちの方が多いかもしれません。
　お子さんには、できればそんな苦労はしてほしくないですよね。
　だったら、**楽しく覚えてしまえばいい**のです。
　じつは、地理や歴史は、普段の生活習慣の中に学習を取り入れやすい科目です。
　どこかに出かける時、天気予報などテレビを見る時……ちょっとした工夫で、いつもの習慣が勉強に変わります。
　ここでは、ムリせず社会を遊び、いつの間にか覚えて得意科目にしてしまうちょっとしたコツを紹介していきます。

社会を遊ぼう①
「地図」で遊ぼう

　覚えることが大量で負担は大きいものの、地理はじつは幼児が勉強しやすい科目です。

　たとえば、お子さんに人気のディズニーランド。

　「東京ディズニーランドって言うけど、じつは東京都ではなく千葉県にあるのよね」などとアナウンスすることは、千葉県や東京都という都道府県に興味をもつきっかけになります。ほかにも、「あなたの家は群馬県にあるよね。これから埼玉県と東京都を通って、ディズニーランドに行くんだよ」などの会話もできます。

　そんな会話を助けてくれるのは、**「地図」**。まずは地図を使った遊びを紹介します。

ステップ①　「日本地図」をリビングに貼る

　別冊の**「日本地図ポスター」**をコピーしてリビングに貼りましょう。

　これは、お子さんが見るためという目的もありますが、お母さんにとっても役に立ちます。**子どもにアナウンスするためのカンニングペーパーになる**からです。

　カラフルなもののほうがお子さんの目に入りやすいので、カラーコピーすることをお勧めします。

ステップ② 普段の会話の中でアナウンスする

たとえば、次のようにお子さんに声をかけます。これだけで地図に興味をもち、続けるうちに自然と47都道府県が頭に入ってくるでしょう。

・天気予報を見ながら
　「高知県の室戸岬に台風が来たね。東京のあなたの家にはまだまだ来ないね！」

・旅番組を見ながら
　「富士山きれいだね。富士山って山梨県と静岡県の間にあるんだね」
　「長野県がテレビに出ているけど、何がおいしいのか地図を見てみて」

・夕飯にて
　「これはコシヒカリっていうお米なんだけど、どこでとれると思う？」（答え：新潟県）

・その他
　「タオルが有名な県って知ってる？」（答え：愛媛県）
　「刃物が有名な県って知ってる？」（答え：岐阜県）

ポイント
- ☑ **アナウンスの後は、地図を一緒に見よう**
「一緒に地図を見てみようか」などと話した後は、実際に地図を見るようにします。これをくり返すことで、地図に興味をもたせることができるでしょう。

社会を遊ぼう②
都道府県カタチ当てゲーム

続いて、カードを使った遊び方をご紹介します。

書店で売っている「都道府県カード」を準備すれば、すぐにできる遊びです。

都道府県の名前ではなくて、「カタチ」に注目するので、幼児でもすぐに取り組めます。

では、早速やってみましょう。

ステップ①　都道府県カードを用意する

市販の「都道府県カード」を準備します。

どの出版社のものでもかまいませんが、**片側に県の形、片側に県名と特産物が書いてあるもの**がお勧めです。

左：都道府県カードゲーム（親勉オンラインショッピング）
中央：永岡知育かるたシリーズ　都道府県かるた（永岡書店）
右：都道府県かるた（学研）

ステップ②　何のカタチに見えるか答えてもらう

準備したカードを1枚1枚見ながら、何のカタチに見えるか答えて

もらいます。

「これは何のカタチに見えるかな？」

　すると、さまざまなたとえをしてくれます。
「青森県はラクダ」「秋田県は天狗」「山形県はアクビをしている横顔」「群馬県は鳥」「千葉県はＴの字」「福井県は鍵」「石川県は骨」「静岡県は金魚」「愛知県は怪獣」「大阪府は三日月」「京都府はぶどう」「高知県はバナナ」「鳥取県は犬」「島根県は指差し」「大分県はたんこぶ」「熊本県は天狗のハクション」など、これらは一例ですが、**正しい、間違いはありません。お子さんが「こんなふうに見える」と思ったものが正解**です。

| ステップ③ | **カードに何のカタチに見えるかを書く** |

ステップ②でお子さんが見えたカタチがわかりやすくなるように、県のカタチが書かれている面に書き足していきます（81ページのイラストのようにポイントを書き入れます）。

ここまで準備ができたら、ゲーム開始です。

| ステップ④ | **カタチ当てゲーム開始** |

カードを一山にして、上から何県か当てていきます。はじめのうちは難しいので、お子さんが好きな県を10枚程度選んで行いましょう。そして、徐々に枚数に増やしていきます。

次のように声をかけながら遊びます。

👩 「このあくびをしているカタチの県って何県だっけ？」（答え：山形県）

👩 「天狗のカタチの県って何県だっけ？」（答え：秋田県）

👩 「大阪って県じゃなくて府って言うんだね」

👩 「愛知って、怪獣に見えるけど、UFOキャッチャーにも見えるね」

👩 「大分ってたんこぶに見えるけど、葉っぱにも見えるね」

最初は答えられないかもしれませんが、何度か遊んでいるうちに、だんだん県名を当てられるようになります。

これをくり返すうちに、47都道府県のおよそ半分が覚えられます。都道府県を覚えたお子さんは、雲や葉っぱを見て、「福島県に似て

いる」「富山県みたい」などと、自然と話し始めるでしょう。

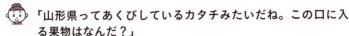

- ✅ **県名を言い当てるのが難しい場合**
  県の名前ではなく、ヒントを言いながら**「この県の有名なものはなんだ？」**を当てるゲームに変えましょう。その時、こうしたアナウンスをすると特産物が思い出しやすくなるでしょう。

  〈例〉
  👩「山形県ってあくびしているカタチみたいだね。この口に入る果物はなんだ？」
  （答え：サクランボ）
  👩「群馬県は鳥のカタチだね。鳥が好きな食べものはなんだ？」
  （答え：こんにゃく）
  👩「鍵のカタチをしている福井県、鍵で開けた箱の中から出てきた生き物はなんだ？」
  （答え：越前ガニ）
  👩「天狗みたいなカタチをしている秋田県。天狗が住んでいる家は何でできている？」
  （答え：秋田杉）
  👩「金魚みたいなカタチをしている静岡県。金魚が好きな飲み物はなんだ？」
  （答え：お茶）

社会を遊ぼう③
豚の尻尾ゲーム

「都道府県カード」を使った遊びをもうひとつ紹介します。
　お子さんが大好きなトランプ「豚の尻尾」ゲームを、都道府県カードを使ってやってみましょう。

ステップ①　都道府県カードを、円を描くように並べる

県の形を表にして円を描くように並べます。
これで準備OK。あとは１枚ずつめくっていくだけです。

ステップ②　特産物に「果物」「野菜」が出たらカードに手を置く

　１枚ずつカードをめくりながら、特産物が描いてあるほうを表にして、全員に見えるように中央にカードを置いていきます。
　この時、**特産物に果物と野菜が出た場合のみ、そのカードに手を置く**というルールにします。誰かがカードに手を置いたら、ほかの人も

「楽しく遊ぶように勉強する子の育て方」
読者限定プレゼント

日本地図学習プリント
プレゼント

「楽しく遊ぶように勉強する子の育て方」をご購入いただいた方限定に、日本地図学習プリント(ダウンロード版)を2種類プレゼント。都道府県名や特産物を覚えるのに最適です。下記のURLからお申し込みください。

ダウンロードへのアクセスはこちらへ
http://oyaben.com/book/

一般社団法人
日本親勉アカデミー協会
JAPAN OYABEN ACADEMY

一般社団法人日本親勉アカデミー協会
〒110-0005 東京都台東区上野1-3-2 上野パストラルビル3階
http://oyaben.com/
遊ぶように勉強し、日本の未来を創っていく子供たちを増やす、を理念に活動しています。

本プレゼントは、一般社団法人日本親勉アカデミー協会が主宰しています。

その上にどんどん手を重ねて置いていきます。次のようなアナウンスをしながら遊ぶと効果的です。

- 「この前、山形のおばあちゃんからサクランボが送られて来たよね」
- 「○○ちゃんは、京都に行ったらどこに行きたい？ お母さんは金閣寺に行きたいな」
- 「広島のかきが食べたいね」
- 「長崎のびわっておいしそう！」

ステップ③　手を置くのが一番遅かった人がカードを全部もらう

手を置くのが一番遅かった人が、中心に置いてあったカードをもらいます。全部のカードをめくり終わった後、**手元のカードが一番少ない人が勝ち**です。

ポイント

☑ **都道府県名、特産物を口に出しながらカードをめくろう**
　　カードをめくる時に、県名や特産物を言いながらめくると、回数を重ねるごとに県名や特産物を覚えることができるでしょう。

85

社会を遊ぼう④
歴史人物にあだ名を付けよう

　ここからは、歴史です。
　古い時代から近代へと順に年表にある出来事を覚えていく――。学生時代、こんな勉強の仕方をしていませんでしたか？　残念ながら、これでは歴史好きになりません。試験前になんとか覚えたとしても、すぐに忘れてしまうことでしょう。
　中には、子どもの頃は歴史が嫌いだったのに、大人になってから急に好きになったという人もいます。そのきっかけとして挙げられるのが、ドラマや映画、小説など。物語に描かれる歴史上の人物の生き様に共感し、その人物を好きになり、その結果、歴史が好きになったという方は多いものです。
　これは、別に大人に限ったことではありません。
　お子さんにとっても、時代や出来事ではなく、人物から勉強を始めたほうが歴史好きになる確率が高まります。
　かと言って、お子さんが歴史上の人物がどんなことをしたのかをしっかりと理解できるかどうかには、疑問がありますね。
　そこで紹介したいのが、子どもならではの歴史人物を使った遊び方です。

ステップ①　歴史人物カードを準備する

　別冊の「歴史人物カード」を取り出します。
　ここでは、20人分を用意していますので、1枚1枚切り離して使用しましょう。

ステップ② 似顔絵を見せて、あだ名を付けさせる

　20枚のカードを、1枚ずつお子さんと一緒に見ていきましょう。そして、カードの似顔絵を見ながら、「あだ名」を付けてもらいます。あだ名を付けたら、カードに書くというのもよいですね（下のイラスト参照）。20枚は、見た目にインパクトのある人たちを選んでいますので、お子さんはきっと食いつくはずです。

　さらに、このように歴史人物の見た目に注目してアナウンスをしていくと効果的です。

- 「北条政子は、見た目はおじさんみたいだけど、じつは女の人なんだよ」
- 「板垣退助のひげってすごく立派だよね」
- 「杉田玄白って、しわしわでちょっと怖いよね」
- 「鑑真って目をつぶっているでしょ。目が見えないんだよ」
- 「ザビエルの頭ってカッパみたいでおもしろいよね。ポーズもおもしろいよね」

ステップ③ 好きな人物ができたらマンガを読ませよう

歴史のマンガは、とてもお勧め。歴史は文字だけの本よりもマンガのほうが断然覚えやすくなるからです。

ですが、いくら歴史のマンガを買っても、その人物に興味がなければ、お子さんは自分から本を開こうとはしないでしょう。

しかし、あだ名を付けて興味をもった後なら、どうでしょうか。

「北条政子の旦那さんって、じつはすごい人なんだよ（源頼朝）。旦那さんのことが、ここに書いてあるよ」

「鑑真ってどうして目が見えなくなったんだろうね。理由が書いてあるよ」

「福沢諭吉って学校をつくったんだよ。その学校は今もあるんだよ（慶應義塾大学）。どんな学校だったのか本で読んでみようか？」

このように声をかけると、自然とマンガが読みたくなるかもしれません。

興味をもつきっかけさえつくれば、「楽しいから、自ら学んでいる」という理想的な姿が、自然とできあがるでしょう。

社会を遊ぼう⑤
歴史人物バトルゲーム

「あだ名」だけでは、すぐに飽きてしまうかもしれないので、もうひとつ歴史人物カードを使った遊びを紹介します。
「歴史人物バトルゲーム」 です。

ステップ① 歴史人物カードを配る

基本的には２人で行ないます。
20枚のカードをよくシャッフルして、１人10枚ずつ分けます。

ステップ② カードを１枚ずつ出す

自分の手元のカードを１枚ずつ出し合います。ここで、**時代が新しいほうの人が勝ち。** 同じ時代なら、じゃんけんをしましょう。
勝った人は、カードを自分のものにします。
こうしてくり返していき、**先にカードがなくなってしまったほうが負け（多く残ったほうが勝ち）** です。

> **ポイント**
> ✓ **神経衰弱ゲームもできる！**
> 　歴史人物カードをコピーして、それぞれ切り離します。同じ人物のカードが２枚ずつある状態なので、裏返して並べれば神経衰弱としても遊べます。

親勉

楽しく遊ぶように勉強する

体験談

松本れみさん
（福岡県、小3男子、小1男子、5歳女子）

　子どもの勉強を見てあげたいけれど時間がない！！
「勉強しなさい！」とは言いたくないけれど、少ない時間の中で
どうやって宿題以外の「勉強」に興味をもたせればいいのかわか
らない……。

　私自身フルタイムで働く会社員のため、日々悩んでいました。

　それが、親勉を実践することで、一挙に解決することができま
した。

　保育園の送り迎えで、買い物しながら、料理しながら、お風呂
に入りながら……。「ながら」勉強で解決できるのです。

　5分のすきま時間でカードゲームやビンゴゲームと「勉強」を
組み合わせることで、子どもは「勉強」を「遊び」と勘違いして、
いつの間にか賢くなりました。

　特に、都道府県カードゲームは3人とも大好きで、特産物と同
時にどんどん覚えていきました。

　1ヶ月ほどたつと、地理に対する興味関心がぐっと増しました。

　ある朝、ニュースで「青森県」の話題になった瞬間、5歳の娘
が、「ママ、青森県だってー！　東北地方だね。りんごとほたて
が有名だね」と、目をキラキラさせて嬉しそうに伝えてきました。

またある日は、ヨーグルトのふたに載っていた富士山に似た山の絵を見て、「ママ、この富士山は静岡県のほうから？　山梨県のほうから？」と聞いてきました。
　これには私も大変驚きました。

　家族で別府温泉へ旅行に行った時のことのことです。
　朝日と眼下に広がる景色を見ながら、次男が突然「ママ、あっちに太陽があるから愛媛県のほうだよね？」とたずねてきて、祖父母もビックリした様子でした。
　さらに長男が「この海は別府湾、あっちのほうは瀬戸内海。瀬戸内海には島がたくさんあるんだよ」と加えてきて私も驚きました。

　今では興味が日本地図に広がり、さらに歴史人物や建造物が結びついていったようで、知識の点と点がつながる瞬間が日々増えています。
　3人が今一番行きたい場所は「金閣寺」。
　本物を見てみたいという子どもの好奇心に私もワクワクしています。

理科を遊ぼう

言葉に慣れれば
理科嫌いは防げる！

苦手な人が多い科目ナンバーワン！？

理科は苦手だった──そういう方が多いかもしれません。

個人的な感覚ではありますが、理科はお母さんの苦手意識がもっとも強い科目のひとつです（理科と算数・数学が苦手だという方が多いようです）。

なぜ理科が苦手になってしまうのでしょうか。

その理由のひとつは、**理科で勉強することと普段の生活とのつながりがよくわからない**から。

たとえば、「二酸化マンガン」や「過酸化水素水」などの言葉は、理科の授業で聞いたことがあるかもしれませんが、普段の生活で何の役に立っているのか説明できる人はおそらく少ないでしょう。

何よりも**言葉に馴染みがない**のです。

だから、**ピンと来ないまま授業が進み、気づけば苦手になってしまったという方が多い**のです。

理科を生活に取り込もう

だったら苦手意識をもつ前に、**難しい言葉を生活に取り込んでしまおう**というのがこれから紹介する理科の遊び方です。

理科の範囲は幅広いのですが、特に小学校で学ぶ「植物」を中心に扱います。

「植物」というとなんだか特別なもののように感じるかもしれませんが、毎日、食べている野菜や見ている花、木のことです。
　わざわざ勉強するまでもなく、身近に接しているのですから、ちょっとした工夫で得意科目にできるはずですよ。

　それから、もうひとつ取り組みたいのが天体、特に月の満ち欠けです。太陽と地球の位置や、月の満ち欠けが起きる原理は、複雑であるため、小学校高学年で学ぶ時、苦労するお子さんが多いものです。
　そこで、苦手意識をもつ前に、まずは月の満ち欠けに興味をもつことから始めてみませんか？　興味をもつことが、楽しく遊ぶように勉強する第一歩。ムリせず少しずつ始めていきましょう。

理科

理科を遊ぼう①
野菜で見分ける単子葉類・双子葉類

　理科の遊びは、とにかく生活に取り入れやすいことから始めるのがポイントです。

　理科でもっとも取り組みやすいのは、普段食べている野菜を使った勉強。特にわかりやすいのは、**「単子葉類」**と**「双子葉類」**を見分けることです。

　「『単子葉類』と『双子葉類』って何のことだろう？」と思っている方も、安心してください。別冊**「植物分類表」**を見れば違いがわかりますので、苦手な方でも簡単に取り組むことができますよ。

ステップ①　食事の時、野菜の種類をアナウンスする

　「単子葉類」と「双子葉類」は、難しい言葉ですが、見分け方を知っていると幼児でも簡単にわかります。

　単子葉類は、葉脈と言われている部分が平行に、双子葉類は網目状になっています。野菜で言うと、ネギやニラが単子葉類、キャベツやホウレンソウが双子葉類になります。

　アナウンスはこのように始めます。

> 👩「みそ汁の具のニンジンとダイコンは双子葉類、ネギは単子葉類だね」
>
> 👩「お米がとれるイネは単子葉類だね」
>
> 👩「双子葉類は葉の筋が網目状で単子葉類は平行になっているね」

94　第3章 ● 勉強を遊びに変える！　1日5分からできる親勉メソッド

　最初は、ただアナウンスするだけで問題ありません。
　お母さんが続けることで、お子さんは少しずつ興味をもっていくでしょう。

ステップ② 「植物分類表」を貼り出す

　自分自身が植物の知識をもっていないと、なかなかアナウンスすることが難しいですね。そこで、アナウンスを始める前にリビングや冷蔵庫に、別冊「植物分類表」のコピーを貼っておきましょう。
　アナウンスのカンニングペーパーとしても使えますし、お母さんが見ているとお子さんも自然と見るようになる（＝興味をもつ）という効果もありますよ。

ステップ③ 慣れてきたらお子さんに質問する

「単子葉類」と「双子葉類」という言葉に慣れてきたら、お子さんに質問してみます。

👩「これは単子葉類？　双子葉類？」

👩「ホウレンソウって単子葉類と双子葉類、どっちかな？」

👩「お米って単子葉類かな？　双子葉類かな？」

ポイント

☑ **野菜を見たら質問しよう**

　食事以外でも、スーパーに買い物に行った時など、野菜を見る機会があったら声をかけてみてください。

　何度もくり返し触れることで、「なんだかよくわからなかったもの」が身近なものへと変わっていきます。

理科を遊ぼう②
散歩で見つける離弁花・合弁花

次は、花を使います。

花には、花びらが分かれている「離弁花」（98ページ左イラスト）と花びらがくっついている「合弁花」（98ページ右イラスト）があります。詳しくは別冊「植物分類表」を見てください。

散歩中や通学・通園の途中など、花を見かける機会があったら、その花がどちらの種類か、お子さんと一緒に立ち止まって見てみましょう。

ステップ①　花を見かけたらアナウンスする

手順は簡単。花を見かけたら次のようにアナウンスします。
まずはお母さんが口に出して伝えることが大切です。

👩「サクラが咲いているね。サクラは離弁花だね」

👩「アサガオは花びらが全部くっついているから、合弁花だね」

👩「ヒマワリは花びらがバラバラだから離弁花だね」

👩「タンポポって離弁花に見えるけど、じつは合弁花なんだね」

ステップ②　慣れてきたらお子さんに質問する

「離弁花」と「合弁花」という言葉に慣れてきたら、お子さんに質問してみます。

👩「これは離弁花？　それとも合弁花？」

👩「パンジーは離弁花と合弁花、どっちかな？」

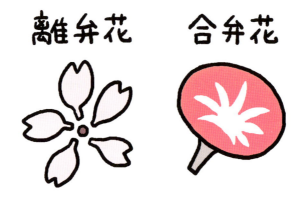

ステップ③　根っこと茎を見てみよう

道端にある雑草を抜いて、根を観察してみるのも勉強になります。

👩「この雑草は双子葉類だから、根が主根と側根でできているね」

👩「ネギの根っこは、主根と側根でできているか、ひげ根か、どっちだと思う？」

また、飾ってある花瓶の花の茎の切り口や食べている野菜を観察することも、お子さんの興味を引き出します。

👩「双子葉類と単子葉類って、茎の形が違うんだって。このユリはどっちかポスターで調べてみようか」

👩「アスパラの維管束ってどっちかな。ポスターと見比べてみて」

理科を遊ぼう③
月を一緒に眺めてみよう

　月も一度覚えてしまうと、幼児でも見分けがつくようになります。絵本にもよく出てきますので、早いうちに覚えてしまうのは、今後、とても役に立ちます。

ステップ①　月の形をアナウンスしよう

「あのお月様、きれいね」

　そう言ったことのあるお母さんは多いでしょう。ここで、ただ「きれい」と言うだけでなく、**「三日月」「上弦の月」「下弦の月」「二十六日月」**を加えて言ってみましょう。そうすると、お子さんが月に対してさらに興味をもつようになります。

　月の見分け方は、下のイラストを参考にしてください。

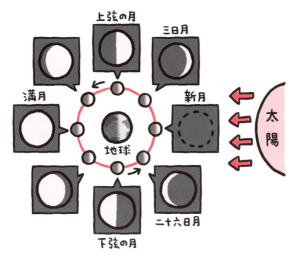

ステップ②　月のカレンダーを使おう

　さらにお子さんに興味をもってもらうために、**「月のカレンダー」** を使用することをお勧めします。「月のカレンダー」とは、カレンダーに日々の月の満ち欠けが書いてあるもので、これを見ていると、月がどのような周期で満ちたり、欠けたりしていくのか、幼児でもすぐにわかります。

　お子さんがカレンダーに目を向けるよう、次のように声をかけましょう。

　👩「今日は、どんな月だろうね」

　👩「今日の月の形を、お母さんに教えてくれる？」

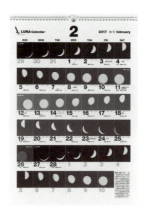

（「ルナ・カレンダー」　画像提供：株式会社シーガル）

ステップ③　ご飯の盛り方で上弦の月と下弦の月を覚える

　月の満ち欠けで、なかなか覚えづらいのが **「上弦の月」** と「下弦の月」の形の違いです。これを**ご飯の時間に、ムリなく覚えてもらうコツ**があります。それは、**白米の盛り方を工夫する**ことです。

たとえば、**上限の月が出る日なら、右側にギュッと白米を寄せる、下弦の月ならば左側に寄せる**といった具合です。
　はじめて見るお子さんは、とてもビックリするでしょうが、「なんでこんな変な形にご飯をよそったの？」と聞かれたらしめたもの。次のようにアナウンスしましょう。

🧑「今日は上弦の月だから右側に寄せたんだよ」

🧑「今日は下弦の月だから左側に寄せたんだよ」

　これを習慣にすれば、お子さんは上弦の月と下弦の月の違いを自然と覚えていくでしょう。

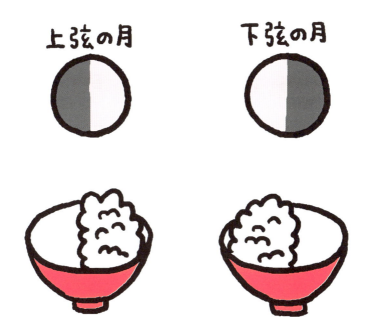

親勉

楽しく遊ぶように勉強する　体験談

M.Hさん（東京都、小2 男子）

　お恥ずかしい話ですが、じつは母である私は、上弦の月も下弦の月も知りませんでしたし、月の出、月の入りの時刻なんてまったく気にしたこともありませんでした。

　親勉には、長男が年長の時に偶然出会いました。

「子どもが産まれたら、子どもと一緒にもう一度楽しく勉強したい」

　ずっとそう思っていた私にとって、「探していたものはコレだ！」という思いで、早速始めました。

　そして、始めてすぐに親子でハマりました。

　長男は、以前開催されていた親子イベントのご褒美に、小室先生からいただいた月の満ち欠けカレンダーがとても嬉しかったようで、月が大好きになりました。

　月のトランプで何度も七並べで遊んだこともあり、親子で月の出、月の入り時刻は完全に覚えてしまいました。

　私が、

「今日は上弦の月だよ、一緒に見ようね」

　と言うと、

「うん、上弦なら夕方から寝るまでずっと見られるね」

　こんな会話ができるようになりました。

　ある日、長男と夕食の材料の買い物に出かけた帰りにこんな会話になったこともあります。

102　第3章 ●勉強を遊びに変える！　1日5分からできる親勉メソッド

長男「かあちゃん、月だよ！」
私「あー、上弦より少し太っちゃったね」
するとここで思いがけない言葉が返ってきました。

長男「かあちゃん、fat（太った）だね！」
私「おーじゃあ、その反対は？」
長男「thin（細い）！！」
私「太い、細いの漢字はわかる？」
長男「太いは、大+てん、犬じゃないよ。細いは、糸へん+田」

　この会話でわかるように、一度、勉強を遊び始めると、ひとつの科目だけでは終わりません。少しの声かけで、月から英語、英語から漢字へと、どんどん勉強ができてしまうのです。それも遊ぶように、です。
「満月は丸いよね、円って言うんだよ」
「円は360度、半分だと180度」
「半分は分数だと2分の1、小数だと0.5だね」
　こんな声かけをすれば、算数の勉強にもなってしまいます。
　親子の会話が増え、笑顔になれる、しかも賢くなってしまう。親勉に出会えてよかったです。

話せる英語ではなく、勝てる英語を！

勝てる英語とは？

　さて、最後は英語です。

　もしかしたら、「小さいうちから英語なんて勉強する必要があるの？」と思う方もいるかもしれません。でも、英語は、できるだけ早めに始めたほうがいい科目です。しかも、**話せるようになる英語ではなくて、勝てる英語を始めてください。**

　勝てる英語とは、**受験や就職に役立つ英語**という意味です。

　勝てる英語を学ぶときの具体的な目標は**「高校卒業までにTOEIC®スコア600点をとること」**です。

　TOEIC®スコアを目標にする理由は、将来、仕事をすることを見越した学習をするためです。

　「TOEIC®スコア600点」を入社の条件とする会社は増えています。

　さらに、ある外資系企業の人事部の知人に話を聞いたところ「新入社員の入社試験の条件は600点だけど、実際に入社してくる人たちは900点以上だ」と言っていました。

　いい会社に勤めることがゴールというわけではありません。

　でも、**働くうえで英語が欠かせない時代になってきている**ということは覚悟しておいたほうがいいでしょう。

　わが子には、経済的に十分自立してほしいですよね。将来の選択肢を増やすためにも、早いうちから英語に取り組んでおいたほうが合理的だと思いませんか？

英検ジュニアを目標にしよう

「高校卒業までにTOEIC®スコア600点を目指しましょう」と言っても、いったい何から始めればいいのだろうと思うかもしれません。

そこでお勧めしたいのが、英検です。

学生時代に受けたことがある方もいるかもしれませんが、**まずは英検ジュニアを受験することを目標にしましょう。**そして、小学校卒業までに英検3級合格、中学校卒業までに英検準2級と2級を合格、その後、高校ではTOEIC® Bridgeに挑戦し、180点中160点を目指します。TOEIC® Bridge160点以上の人がTOEIC®を受けた場合のスコアが、およそ570点と言われます。ですから、TOEIC® Bridge160点がクリアできたら、TOEIC®に挑戦しましょう。

テストという目標があると、張り合いが出るのでお勧めです。

勝てる英語とインターナショナルスクール

ちなみに、「英語が欠かせない時代になるから早いうちから英語の学習に力を入れたい」という理由で、インターナショナルスクールに通わせたり、英会話を習わせたりする方もいますが、**勝てる英語ということで言うと遠回りかもしれません。**

すべての授業を英語で行なうインターナショナルスクールで勉強すると、受験で非常に苦労します。じつは私の娘がそうでした。「垂直」や「平行」など、すべてを英語で習っていたので、最初は漢字の「平行」が書けずに「パラレル」と書いてしまう……。こうした言葉は、普段の生活でなかなか覚えられるものではなかったため、中学受験で大変な苦労をしました。このように、受験の際に、もう一度日本語で勉強し直さなければいけなくなるという現実があることを念頭に置いたほうがいいでしょう。

英語を遊ぼう①
貼り勉で「片こと英語」

「英検ジュニアの対策? 難しそう……」と思った方もいるかもしれませんが、まずは英語に慣れることから始めましょう。

別冊「英単語ポスター」は、英検ジュニアに出てくる単語のうち、まず覚えてほしいものを選びました。**このポスターに出ている単語を普段の生活でアナウンスする**ことから始めます。

言葉の一部だけ英単語で言うのが「片ことで恥ずかしい」と思うかもしれませんが、ここは開き直りが大切。

お子さんのためだと思って、楽しんでしまいましょう。

ステップ① 英単語ポスターを貼る

別冊「英単語ポスター」をコピーして壁に貼ります。このポスターは英検ジュニアのブロンズとシルバーの英単語から選んでいます。これから英検ジュニアを勉強するお子さんにとっては、もってこいのポスターです。

カラフルなもののほうがお子さんの目に入りやすいので、カラーコピーをしたほうが効果的です

ステップ② 食事や遊んでいる時にアナウンスする

食事や遊んでいる時、おやつを食べている時、テレビを見ている時など、普段の生活の中で、さりげなく会話に英単語を入れていきまし

ょう。たとえばこんな具合です。

- 「〇〇ちゃんは、vegetables（野菜）をいつもちゃんと食べてえらいわね」
- 「そこのscissors（はさみ）とってくれる？」
- 「〇〇ちゃんは、June（6月）生まれだね」
- 「How many おせんべい do you want？（おせんべい何枚食べる？）」

ポイント

✓ **発音の悪さは気にしない！**
　英語は、まずは英単語力を伸ばすことが大事。発音の悪さは気にせず回数を増やしてください。

✓ **「カタカナ」の読み方は書かない**
　Vegetableという単語の上に、「ベジタブル」などとカタカナで読み方を書く方を見かけますが、これは絶対にやらないでください。カタカナと英語の発音は違うものです（英語の発音は「フォニックス」に基づいています）。カタカナ読みをしていたら、いつまでたっても英語が読めるようにはなりません。注意してください。

英語を遊ぼう②
単語タッチゲーム

　お子さんが英単語に慣れてきて、自分から口にするようになったら、ゲームを始めるタイミング。
　目安としては、３歳以上です。
　「少し難しいかもしれない」と思うかもしれませんが、お子さんは絵で覚えますので、ゲームとしては十分成り立ちます。早速取り組んでみましょう。
　ここでは、簡単に、そして短時間で遊びながら学べるゲームを２つ紹介します。まずは、「単語タッチゲーム」です。

ステップ①　「英単語ポスター」を準備する

　「英語を遊ぼう①」で紹介した別冊の「英単語ポスター」を使って行います。
　リビングの壁に貼ってあるのであれば、リビングでゲームをします。

ステップ②　ストップウォッチを準備する

　続いてゲームの準備です。
　まずはストップウォッチを準備し、ポスターから少し離れた場所にお子さんを立たせてください。

ステップ①　「I like ○○！」とかけ声をかける

準備ができたらゲームスタート。

ポスターの前まで行き、ポスターの中にある単語をひとつ選んで、**「I like ○○！」**と言います。そのものをタッチできるまでの時間を、ストップウォッチで計ります。

これを何度かくり返し、途中、問題を出すほうとタッチするほうを入れ替えます。**「合計タイムが短いほうが勝ち」**とします。

 足音が気になる場合は、ポスターをテーブルの上に置いて、「早く見つけたほうが勝ち」というルールにして遊びます

🔴ポイント

✅ 時間を計ってゲームを盛り上げよう

タイムを計るのは、よりゲーム性を高めるため。たとえば、このように言うと、さらに盛り上がります。

👧「さっきよりも早いタイムだったよ」

👧「ママと○○ちゃん、どっちが早いかタイムを計って競争ね」

✅ 単語を復唱してくれない場合は、お子さんを先生にしよう

なかなか思ったように英語を復唱してくれない場合もあるでしょう。そんなときは、お子さんに先生になってもらいます。たとえば、このように声をかけると積極的に答えてくれるでしょう。

👧「ママ、かぼちゃって英語で何て言うのか忘れたから教えてくれる？」

英語を遊ぼう③
英語でビンゴ

次は、お馴染みのビンゴ。同じポスターを使いますが、遊び方をちょっと変えるだけで退屈せずに続けられるようになりますよ。

ステップ①　ビンゴのマスを準備する

別冊の「ビンゴのマス」をコピーをして使います。小学校１年生未満は３×３マス、それ以上の年齢は５×５マスを使います。
「ビンゴのマス」の中に、好きな単語を書いていきます。単語は、英単語ポスターを見ながらお子さんに書いてもらいましょう。もしお子さんが自分で書くのが難しいようなら、代わりに書いてあげます。それも難しいようであれば、英単語の頭文字だけ書いてもいいですよ（snakeだったらsだけ書く）。

ステップ①　「I like ○○！」と単語を読み上げる

「英単語ポスター」を見ながら、お母さんが単語を読み上げます。
「I like "○○"！」と読み上げ、自分が書いた単語が呼ばれたら、ビンゴカードに×をつけます。３×３の場合は２列、５×５の場合は１列、先にそろった人が勝ちです。

> **ポイント**
> ✓ **定期的に英語力をチェックしよう**
> お子さんの英語力を定期的にチェックすることが大切です。１年に３回程度、英検ジュニアを受験することをお勧めします。

英語を遊ぼう④
Touch the 〇〇 things!

続いて、お子さんが英単語を覚えてきたら試してほしい遊びを紹介します。

それは**「Touch the 〇〇 things!」**。

「〇〇」に入るのは、お子さんの知っている英単語で、家の中から、該当するものを探すゲームです。

見たり、聞いたりして覚えるよりも、体を動かしたほうが単語を覚えるうえでは効果的です。楽しく遊べる方法ですので、ぜひ試してみてください。

ステップ① お子さんにかけ声をかける

まずは、お子さんにかけ声をかけます。

英単語ポスターを参考にして、お子さんが知っている単語から始めると効果的でしょう。

「Touch the Red things!」（赤いものにさわろう）

ステップ② カウントダウンをする

声をかけたら、次はカウントダウンをします。

「10、9、8、7、6」とカウントダウンをしていき、**「0になる前にお題のものに触れないと負け」**というルールで進めます。

「Touch the Red things!」と言われたら、10秒以内に赤いものにさわ

れたら「セーフ」です。

お母さんが一方的に問題を出すだけではなく、お母さんとお子さんで交互にお題を出すと、盛り上がります。

ポイント

☑ **「英語でしりとり」をしてみよう**

英単語を覚えてきたら、英語でしりとりをしてみましょう。

はじめのうちは難しいので、スペリングの書いてある絵本などを見ながら、遊ぶのがお勧め。

たとえば、**「apple（りんご）」→「egg（たまご）」→「game（ゲーム）」→「elephant（ゾウ）」→「tiger（トラ）」**のように、末尾のアルファベットから始まるスペリングの単語を答えます。

この方法なら、ムリなく楽しく単語を覚えられるでしょう。

親 勉

楽しく遊ぶように勉強する　体験談

かなこさん
（埼玉県、中1女子、小4女子、4歳男子）

　遊ぶように勉強する親勉に出会ってから2年半ほど。

　現在のわが家の英語の状況は中1の長女は英検準2級、TOEIC® Bridgeを受験、小4の次女は英検4級、4歳末っ子は英検ジュニアブロンズ75%です。

　親勉に出会う前は、毎日毎日子どもにガミガミと言っていて、「このままでは勉強が嫌いになってしまうのではないか」「親子関係も悪くなるのではないか」と悶々としていました。

　遊ぶように学ぶこと、さらに英語は戦略的に進めることが大切だと学んでから、わが家の英語に対する取り組み方は変わりました。

　長女は英検5級を合格していましたが、話したところ「最初は楽しかったけれど、今はあまりおもしろくない。今は誰かと英語でコミュニケーションをとってみたい」との返答。

　そこでまず、なんとなくやっていた大手のプリント式学習塾をやめて、英会話のスクールを探しました。

　その時の条件は「英語でコミュニケーションをとる時間がある」「英検対策をしてくれる」という2点だけ。幸いとてもいい先生と出会うことができ、小学校卒業までに英検3級というわが家の目標を踏まえて指導していただきました。

　週1回の塾、あとは自宅での自主学習。カードでたくさんたくさん遊び、具体的な目標を設定し、あとはニンジン（ご褒美）も

しっかり決めました。

その後、長女は小5で英検4級、小6で3級に合格。その時点で、次の目標をTOEIC® Bridgeにするか、英検準2級にするかも小室先生に相談しました。

やみくもに上の級を目指すのではなく、何が必要で何が不必要かという取捨選択も、親勉を取り入れたことで容易になりました。

結果、準2級にチャレンジし続け、3回目の試験（中1）で合格。そして現在は、独学で英語学習を進め、先日TOEIC® Bridgeを受験しました。

英検とはまったく雰囲気が違う中、「難しかったけど、また受けるよ！」と言う長女には尊敬の念しかありません。

「小5で英検5級はすごい！　お母さん、もっともっと褒めてあげて！　ほかの子よりもできていることに自信をもたせて、もっともっと好きになったらどんどん伸びますよ」

あの時小室先生にそう言われていなかったら、親勉を取り入れていなかったら、今の結果はないかもしれません。長女の取り組みに下の2人も大いに影響を受け、英語に親しんでいます。

好きなことを伸ばし、戦略的に進める。

わが家の英語教育は、親勉で変わりました。

第4章

子育てのゴールを考えよう

子育てのゴールはどこにあるのか？
〜子育ての目標を考えよう〜

> 精神的にも経済的にも自立した子に育てよう

子育てのゴールは、何だと思いますか？

私は、**自分の足で人生を歩めるようになること**、つまり、**自立すること**だと思っています。

もう少し具体的に言うと、自分の足で人生を歩むためには、**精神的自立**と**経済的自立**の2つが備わっていることが大切です。

私たち親は、子どもが大学を卒業する22歳までにこの条件をクリアできるように子育てを終えなければなりません。

未就学児や小学生のお子さんを育てるお母さんにとっては、「自立と言われても、小さい子どもに何をやっていいかよくわからない……」というのが本音かもしれません。

そんなあなたに、ひとつのエピソードをご紹介します。

私が主宰する親勉アカデミーのお母さんからうかがった話です。

ある日、小1のおてんば娘が「学校に手提げカバン忘れた」と半泣きになって帰ってきました。

「どうする？」と娘に聞くと、「学校に取りに行く！」。

そこで私は、娘を学校に連れて行くことにしました。

私がしてあげたのはそこまでです。

今までなら、「○○の母ですが、娘が手提げカバンを忘れたので取りに来ました」と、学校のインターホンを押してそう言っていたので

すが、今回、私はそれをしませんでした。

　もともと自分が忘れたのが悪いのだから、自分で取りに行けばいい。そう思ったのです。

　決して突き放しているわけではありません。

　自分で考え行動する子になってほしい。そう考えて、親が先回りして助けるのではなく、子どもを信じて何でもやらせて見守ってみようという考えに変わりました。

　とてもすばらしいと思ってお話をうかがいました。

　まずお子さんに、「どうする？」と聞いたのが大きなポイントです。

　こうすることで、自分の行動を自分で選択できるようになります。

　もしお子さんが「忘れたままでいい」と言うのであれば、それはそれで受け止めましょう。先生に叱られることを選択したのは、お子さん自身。叱られて学ぶことも、たくさんあります。

　自立とは、自分で自分の行動に責任をもつこと。

　とは言え、いきなり大きな責任はとれません。

　だから、**こうして小さなことから練習を積み重ねましょう。そのくり返しが、お子さんの自立に欠かせないものなのです。**

目標は12歳までに軸をつくること

　大学卒業時の22歳を子育てのゴールと設定するならば、**折り返し地点は11〜12歳。小学校高学年。**偶然にも、**これはお母さんの意見がお子さんに反映されやすい上限の年齢**です。

　中学生になると、お子さんの興味は家族から友だちや異性など外側の世界へと移ります。それまでは素直に親の意見を聞いていたお子さ

んも、だんだんと反発することが増えていきます。

　困り果てることもあるかもしれませんが、それはお子さんが成長するために欠かせないステップなのです。

　そうなると、お母さんにとってできることは見守ること。

　中学生以上のお子さんをもつお母さんの役割は、注意をしたり、世話を焼いたりすることから、見守ることへと変わります。

　中学生以上のお子さんは、周りからさまざまな影響を受けて育っていくことになりますが、お母さんが関与することはなかなかできません。

　たとえば、親から見たらあまり付き合ってほしくない友だちと交流しているような場合、干渉すればするほど反抗的な態度をとるでしょう。多感な時期に良い人間関係を築いてほしいと思っていても、実際にすばらしい人格者と出会えるかどうかは、他力に頼ることになります。子どもが誰からどんな影響を受けるのかは、時の運に任せなければいけないところもあるでしょう。

　少し頼りなく思うかもしれませんが、それが現実なのです。

　だからこそ、**お母さんが関与できる時期、折り返し地点となる小学校卒業までの子育てを大切にしましょう。**

　お子さんが、お母さんの意見を聞き、見本としてくれるのは小学生でおしまい。

　だから、**小学校卒業までに軸をつくる**こと。まずは、これを目標としてみませんか？

　軸とは、「好きなこと」「好きなもの」のことです。

　勉強でもいい、スポーツでもいい。**何かひとつ「これ」と思って打ち込めるものを見つけることできれば、安心して子育ての後半戦を迎えることができる**でしょう。

120　第4章 ●子育てのゴールを考えよう

楽しくイキイキと働く大人になるための準備をしよう

いい仕事につくためには勉強、学歴が必要？

　自立するうえで欠かせないのは「仕事」です。
「勉強しないと、いい大学に入って、いい会社に入れないよ」
「勉強しないと、立派な大人になれないよ」
　勉強を嫌がるお子さんに、こんな言葉をかけていませんか？
　でも、ちょっと待ってください。
　いい仕事につくためには、ほんとうに勉強しなければいけないでしょうか。
　少し極端な意見かもしれませんが、ほかにもっとやりたいことがあるのであれば、無理に勉強をする必要はないと私は考えています。
　学歴が関係ない仕事は、世の中にはたくさんありますよね。
　たとえば、今、「小学生のなりたい職業ランキング」の上位である"ユーチューバー"などは、その典型。
　また、世界的に有名な起業家も、みんながみんな高学歴ではありません。それに、じつはこの本を書いている私も、決して高学歴というわけではなく、東京以外にお住まいの方が聞いたら、わからないような名前の大学の出身者です。
　学歴が高いから高収入が得られるわけではありません。
　むしろ、勉強ができても、精神的、経済的に自立ができていないのであれば、勉強した意味がないと言ってもいいでしょう。
　大切なのは、勉強ができるかどうかよりも、自分で自分の人生を切り拓いていく力があるかどうかなのです。

楽しくイキイキと働く大人を目指そう

「勉強は嫌だけれど、将来のために仕方なくやらなければいけない」と思って、勉強を続けたお子さんが、大人になったらどうなるでしょうか。

おそらく、勉強が仕事に置き換わっただけで、「仕事は嫌だけれど、生活のために仕方なくやらなければいけないものだ」と思って、働くことになるでしょう。それでは、「大人になりたくない」「ずっと子どものままでいたい」という思いをもってしまうかもしれません。

一方、どれだけ時間を使っても苦にならないほど好きなことが見つかり、それを仕事にできると大人になる楽しさがまるで違ってきます。

好きなことを続けて、相手に感謝してもらい、お金をもらってさらに自分もワクワクできる。そんなサイクルをつくり出せるような大人に成長できたら、子育ては大成功。

私の周りには、「365日仕事をしていても、まったく苦ではない」という方が、たくさんいます。

20年前のOLをしていた頃の私は、週末を指折り数えていたので、この感覚がまったく理解できませんでしたが、好きなことを仕事にしている今は、すっかり休日がいらない体質になってしまいました。

子どもも大人も、唯一誰かに何かを言われなくても自らやるのは遊び。だって、遊ぶのってものすごく楽しいですからね。

遊びの定義は人それぞれです。

スポーツを遊びと捉える人もいれば、料理を遊びと捉える人もいます。そして、勉強を遊びと捉える人も、もちろんいます。

勉強を遊びと捉えている人は、「やらなければいけないから」ではなく、楽しいから勉強しているのでしょう。

もちろん、仕事だって同じです。

122　第4章 ● 子育てのゴールを考えよう

そう、**楽しければ、何でも遊びになってしまうのです。**

　だとしたら、**勉強も仕事も楽しいこと、つまり遊びに変えてしまうのが、イキイキと働く大人に成長するために一番手っ取り早いこと。**

　勉強も仕事も、上達には継続が欠かせませんが、そんなときに力をくれるのは「楽しい」「もっとやりたい」という気持ちです。

　だから、まず楽しく実践してほしいのです。すると、遊びと勉強、遊びと仕事の境目があいまいになっていきます。

　勉強と遊びの境目があいまいなまま、楽しく遊ぶように勉強する経験は、好きなことを仕事に変える基礎力となります。勉強と遊びの境目があいまいだったように、自然と仕事と遊びの境目があいまいな大人へと成長していくのです。

　仕事が楽しければ、「サザエさん症候群」とは無縁の、楽しくイキイキした毎日を送れるようになるでしょう。わが子には、そんな大人に成長してほしいと思いませんか？

123

人生に勝てる子を育てよう
〜人生を切り拓く力を手に入れる〜

好きなこと、夢中になれることを見つけよう

「人生に勝てる子」を育てよう。

これは、私が子育ての目標にしている言葉です。

「勝つ」と言っても、高所得を得て「勝ち組になれ」というわけでも、「偏差値を上げて高い学歴を目指そう」というわけでもありません。そんなことで人生に勝てるわけではないと思うからです。

人生に勝てる子とは、自分の人生を自分で切り拓ける子。

つまり、**「自分に負けない子」** に育ってほしいと思うのです。

好きなことを追求し、それを仕事にし、十分な報酬を得て、毎日生活することができたら、どんなにステキなことか想像できますよね。

好きなことのためであれば、努力を惜しまずにがんばれます。

何度失敗しても、目標に向かって挑み続けることができます。

これが、自分に負けない、人生に勝てる子どもの姿ではないでしょうか。

そう考えると、**人生に勝てる子を育てる出発点となるのは、「好きなこと」があるかどうか**です。ただ、ほんとうに好きなことを見つけるのは、そう簡単なことではありません。

お子さんのプロデューサーを目指そう

ここで少し考えてほしいのですが、あなたはお子さんのマネジャー

でしょうか？　それともプロデューサーでしょうか？

　マネジャーは日々のスケジュール管理と身の回りの世話をするのが仕事。芸能人のマネジャーのような存在ですね。

　一方、プロデューサーは、一人ひとりの特性を最大限に活かし、お子さんがなりたいものになれるように環境を整えていくのが仕事です。

　お母さんはお子さんのプロデューサーであってほしいと、私は考えています。

　お子さんのスケジュール管理や身の回りの世話に振り回されることなく、人生の方向性について考える敏腕プロデューサーを目指しましょう。

　しかし、どんな敏腕プロデューサーでもどうにもならないことがあります。それは、お子さんが「やりたいことがわからない」「何になりたいのかわからない」と思っている場合です。

　たとえ名プロデューサーの秋元康さんでも、「アイドルになりたい」と思っていない子をトップアイドルに育てることはできないでしょう。

　「好きなことを見つけること」は、お母さんが代わってあげることはできません。お子さんが自分でやらなければいけないことです。

夢中になる練習を続けよう

好きなことは、ある日突然できるものではありません。

そもそも触れる機会がないものは、好きか嫌いかの判断すらつきませんから、まずは**「色んなものに触れる機会」をつくることが大切**です。

子どものうちは、好きなもの、ハマるものが何度も変わるかもしれません。そんなときでも、「飽きっぽい」と叱らないでください。**今はまだ、ずっとハマり続けるものを見つけている途中なのです**から。

好きなことを見つけるには、練習が必要です。

練習としてお勧めなのは、**さまざまなことにワクワクすること、何かにハマること**。意味があるかどうかではなくて、**「ワクワクする」「もっと知りたい」「もっとやりたい」と思う経験が、ずっとやり続けたいと思えるほど「好きなこと」を見つけるために必要なステップ**なのです。

そして、好きなものが見つかったら、**それをどうやって仕事に変えることができるのか**を一緒に考えてあげましょう。そんなお子さんとの日々の関わりが、自分で自分の人生を切り拓ける力につながるのです。

仕事柄、成功している起業家の方たちと接する機会がありますが、実際に会って話していると、彼らは決して特別ではなく、いたってふつうの人たち。ただ、ひとつだけ特長があります。それは、大好きなことがあって、それを追求していく力をもっていることです。

「好き」「夢中」が自分の人生を切り拓く原動力。

一緒に磨いてあげましょう。

「子どもは親の背中を見て育つ」のほんとうの意味

「正しい子育て」よりも「楽しい子育て」をしよう

　学習塾を経営し、そして家庭学習法をお母さんにお伝えする中で、子育ての悩みを数多くうかがってきました。

　一人ひとり頭を悩ませている問題はちがいますが、多くのお母さんの悩みにはひとつの大きな共通点があります。それは、**子育てに正しさを求めている**こと。**「これは正しいことなのか？」と自問自答して、悩みが大きくなっている**のです。

「朝、子どもがなかなか保育園に行く準備をしません。毎朝、イライラしてしまいます」

　こうした悩みは、おそらく100回以上聞いています。

　これも、正しさを求めている典型的な悩み。はっきり言うと、保育園児なのですから、朝すぐに準備しないのは当然ことです。

　身内のことで少し恥ずかしいのですが、私の娘は17歳になっても毎朝、登校ギリギリになって教科書をそろえていますし、ダラダラと朝ご飯を食べています。

　それでも私は、「今朝も自分で起きてえらいね。いってらっしゃい」としか言いません。イライラもしません。

　それは、朝からご機嫌でいるために選んでいることです。
「正しい選択肢」でなく、「ご機嫌でいるための選択肢」を優先するようにしています。

　17歳になってもそうなのですから、保育園児のお子さんが朝、準備

127

できないなんて当たり前のことだと思いませんか？

　洋服を着るのが遅いなら、着替えさせてあげればいいでしょう。ご飯を食べるのが遅いなら、食べやすいおにぎりやサンドイッチ、バナナだけでもいいかもしれません。歩くのが遅いなら、おんぶでいいと思います。じつは、これは娘の幼稚園時代にすべてやっていたことです。それでも、17歳になった今、「良い子」と言われますし、楽しく遊ぶように、自分から勉強するように育っています。

　正しい子育てをしなくても、お子さんはしっかり育ちますので、どうか安心してください。

子育てでいちばん大切なのは、イライラしないこと

　子育てで一番大切なのは、お母さんがイライラしないこと。

　お子さんのためにも、お母さん自身がハッピーでいてほしいのです。

　もし、「ちゃんと子育てをしよう」と思ってイライラしているのだとしたら要注意。**「ちゃんと」を「イライラ」より優先すると、どんどん子育てが窮屈になってしまいます。** 何よりそれでは、楽しくないはずです。

　どうかお子さんを正しく育てようとするのはやめてください。

　正しく育てようとするから苦しくなってしまうのです。

　毎日楽しかったら、それだけで大正解。

　日々の楽しさ、ワクワクが、お子さんの心を強くし、勇気となるのです。**ワクワクの積み重ねが、人生を切り拓く力へとつながる**のです。

子どもに与えてあげられる最高の教育とは？

　教育者として、一人の母親として、**「子どもたちに与えてあげられる最高の教育とは何か？」** を考えてきました。その結果、今は、**「生**

きるって楽しいことなんだよ」と大人たちが見せてあげることではないかと思っています。

　毎日、イキイキと楽しそうに生活することはもちろん大切ですが、つらい状況でどのような態度をとるかも、とても大切です。たとえリストラにあっても、「体を壊す前にリストラにあって良かった」と次の就職先を前向きに探す姿を見せたり、仕事で嫌なことがあっても「でも、この仕事が好きなんだよね」と仕事に対する思いを語るなど、こうした姿をお子さんは見ています。

　自分の親が楽しそうに働く姿を見れば、お子さんは自然とそれに憧れるようになります。大人になるのが、楽しみになります。

　私自身は、幼い頃、楽しみながら仕事をしている大人を見た覚えがありませんでした。そのせいか、「仕事というのはつらくて大変なものなんだ」と、どこかで刷り込まれていました。ですから、実際に社会人になった時は、「仕事ってつまらないけれど、きっとこんなものなんだ」と諦めていました。

　でも、現在の私は、好きなことを仕事にしているので、堂々と**「仕事って楽しいよ。大人になると今よりもっともっと楽しいことが増えるんだよ」**と話すことができています。

　お子さんが楽しくイキイキと生きる大人になるために、まずはお母さん自身が、自分の人生を楽しんでください。

　その姿こそが、どんなに有名な学校の授業やどんなに立派な教材よりも価値のある教育なのですから。

「人生って楽しいよ」と、伝えられれば、お母さんの役目は十分果たせたと思いませんか？

親勉 楽しく遊ぶように勉強する 体験談

よこやまみほさん
（東京都、小4男子）

　息子が4年生に進級し、しばらくすると、学校に行き渋るようになりました。心配して、担任の先生と面談をさせてもらったのも束の間、GW明けにはまったく登校できなくなってしまいました。

　朝になると、原因不明の腹痛、吐き気を訴えますが、病院を受診してもどこも悪くない。

　4年生ともなると、勉強もそれなりに難しくなっていきます。「こんなに休んで、勉強についていけなくなったらどうしよう？」と、不安に駆られる毎日を過ごしていました。

　小室先生の親勉のメルマガに出会ったのは、そんな時です。

　体調が良くなった時に、家で、少しドリルをやらせてみようとしましたが、息子はそれすらできる状態ではありませんでした。

　そこで、親勉のカルタやトランプ遊びを取り入れてみることにしました。息子を自宅に置いたまま親勉の講座には参加できないため、メルマガを参考にしながら、今の息子にできる遊びをしてみました。

　元々、歴史マンガが好きだったので、歴史人物カードで遊んでみました。母子で楽しくカードで遊ぶことで、息子の笑顔が増えていきました。

　息子を褒め、一緒に遊ぶ。このくり返しです。

　夏休みの間もずっと続けました。

すると、息子の自信が戻ってきて、２学期から登校できるように
なりました。

　一緒に遊ぶ中で、息子の不登校の原因は、仕事から帰宅するな
り、私が、「まだ宿題をしていないの？」と怒鳴り続けていたこ
とで、息子の心が病んでしまったのだと、気づくことができまし
た。

　トランプ遊びは、ただ知識をつけるためだけのものではありま
せん。

　母と子の信頼関係を築くものだと私は考えています。

　好きになると、自ら学ぶようになりますが、これが、本来の学
ぶ姿勢です。トランプでたっぷりと遊んだ息子は、日本史のみな
らず、中国史、世界史と、視野が広がっている様子。

　昨年の11月、歴史検定の４級を受け、見事合格しました。こ
れは中学生の内容です。

　子どもたちに「好き」の種をたくさん蒔いてあげることが、親
の役目かもしれません。

第5章

子育ての悩み
Q&A

Q 子どもが興味をもってくれません。どうしたらやってくれるようになりますか?

A. まずはお母さんだけ、夫婦だけでやりましょう

地図も辞書もビンゴカードも準備して、勉強を遊ぶ気満々なのに、子どもが興味をもってくれない。やろうとしない……。

中にはこうしたお子さんがいるかもしれません。

「せっかく準備したのに……」と思うかもしれませんが、ちょっと待ってください。

そもそも、本書でご紹介してきた勉強を遊ぶことは、無理やりやらせるものではありません。あくまでも「遊び」として取り組むこと。**「やりなさい!」と強制させては意味がありません**ので、**自然とやりたくなるように仕向ける**ことが大切です。

そこで**試してみてほしいのが、お母さんだけでやってみること。**ひとりでもいいでしょうし、夫婦でやれたなら、さらに効果的。

お母さんが楽しそうにしていると、お子さんは「何をやっているのだろう?」と興味をもつはずです。

ここまできたら、「○○ちゃんも一緒にやろうか?」と声をかけるだけで自然と遊び始めるでしょう。

ほかにも、兄弟がいる家庭では、**「ほんとうは上の子にやらせたいと思っていたのに、下の子ばかりが興味をもって、上の子はどうも反応が悪い」**というのも、よくうかがう悩みです。

ここでの対処法は簡単です。

134　第5章 ● 子育ての悩みQ&A

興味をもっているほうだけやればいいのです。

たとえ、お子さんが参加しなくても効果はあります。

家の中で、「源頼朝」「りっしんべん」「単子葉類」など、勉強に関する言葉が発せられていれば、それで十分です。

その場では勉強していなくても、こうした言葉にはアナウンス効果がありますので、興味のアンテナは立つでしょう（30ページ参照）。

思うような反応がないからといって焦らずに、まずは家の中で勉強に関するキーワードが口に出されている環境をつくることから始めてみてください。

Q 男の子の親です。女の子と比べて、トンチンカンなことばかり言っていて不安になります。

A. 女の子とは比べない！ 男の子はマイナス2歳と心得ましょう

形容詞インタビュー（57ページ参照）で遊んでいた時のことです。

「うれしいってどんな味がすると思う？」

「うーーん、ピカチュウ！」

「石みたいな味！！」

これらはどれも男の子の発言。

女の子だと、「イチゴみたいな味」「甘い味」など、こちらが予想していたようなリアクションが返ってくるのですが、男の子は、なかなかそうはいきません。

「どうしてうちの子は、こんなにトンチンカンなことばかり言うのだろう……」
男の子の言動に頭を悩ませるお母さんは多いかもしれません。

そんな時に思い出してほしいことがあります。
それは**「男の子はマイナス2歳」**理論。
そもそも、男の子の言動に悩むのは、同年代の女の子と比べてしまうから。ですが、**女の子に比べて、男の子の発達は「マイナス2歳」**。

136　第5章 ● 子育ての悩みQ＆A

先ほど、「"嬉しい"は石の味がする」と言ったお子さんは4歳でしたが、「マイナス2歳」と考えてみてください。2歳のお子さんがこんなことを言ったのだと考えれば、すごいことだと思いませんか？

　はっきり言うと、とくに幼児期の男の子はどんぐりの背比べです。女の子と比べると劣っているように見えるかもしれませんが、どんぐりはどんぐりのままでいいのです。

　受験を考えると不安になるという方もいるかもしれませんが、安心してください。

　たとえば中学受験だと、男女比があらかじめ決まっている学校がほとんどです。女の子は女の子の中で、男の子は男の子の中で競争するのです。だから、**そもそも男の子と女の子を比べる必要はありません。「女の子と比べてうちの子は幼い」というのは無用な心配ですから安心してください。**

Q 褒めるのが苦手です。どうすればうまく褒められますか?

A.「シチュエーション褒め」をしましょう

あなたが褒め下手なのではありません。視点が悪いだけなので、安心してください。**コツさえつかめば、誰でも褒め上手になれます。**

多くのお母さんは、お子さんの「行動」を褒めようとしますが、**「シチュエーション」**に注目して褒めてみてはいかがでしょうか。

👩「**宿題やってえらいわね**」

これは、「宿題をやる」という行動に注目して褒めていますが、お子さんが宿題をしないと、褒める機会がなくなってしまいます。

褒めるきっかけがお子さんの行動になると、褒める回数が少なくなってしまいます。すると、褒められないから、お子さんはいつまでたっても思ったような行動をしてくれない……そんな悪循環に陥ってしまうのです。

一方、シチュエーション褒めは、とにかく**そのシチュエーションが来たら褒めると習慣化する**ことです。

私の場合、「①朝起きた時、②学校から帰宅した時、③寝る前」は絶対に褒めようと決めています。

①朝起きた時
👩「**寝ぐせがなかなかいいね**」

138　第5章 ● 子育ての悩みQ&A

👩「寒いのに起きてえらいね」

②学校から帰宅した時
👩「ただいまーって聞くと、嬉しいな」
👩「今日も無事に帰ってこられて良かったね」

③寝る前
👩「今日も○○ちゃんが元気で良かった」
👩「○○ちゃんのこと大好きだからね」

　このように、語尾に**「いいね」「良かった」「大好き」**をつけて会話をしていきます。
「そんなにくだらないことで褒められない」と思った方は、新入社員を育てる時と一緒だと考えてください。

　新入社員なんて、仕事では褒められるどころか注意されることのほうが多いに決まっています。毎日、注意されながらも、朝は「挨拶がいつも元気だね」、昼休みには「○○さんの昼食、いいね」、帰宅時に「今日も1日爽やかだったね」と、毎日褒めてくれたら、絶対にその上司のことを好きになると思いませんか？　そうすれば、注意されてばかりの仕事にも熱意をもって取り組めるようになるでしょう。

　シチュエーションは、あなたのやりやすいタイミングで問題ありません。1日1回のシチュエーションから始めてみてください。
　褒めるのも数をこなさないとうまくなりませんから、とにかく「やってみる」ことを大切にしてくださいね。

Q 興味をもってくれない科目があります。

A. 興味があるものだけでも効果はあります　〜ハンカチ理論〜

「ハンカチ理論」 をご存知でしょうか。

テーブルに広げたハンカチを片手で持ち上げる時、あなたならどうやって持ち上げますか？　真ん中をつまんで四隅を同時に持ち上げることもできますが、４点の端のどこかひとつをつまんで持ち上げると最終的にハンカチ全体を持ち上げることができる、というのが「ハンカチ理論」の大まかな内容です。

勉強もこれと同じで、**圧倒的な得意科目がひとつあると、総合点を引き上げることができます。**

勉強にしても、仕事にしても、つい「苦手なことをなくして総合力を鍛えよう」と思いがちですが、そもそも、苦手なものの克服はなんのために必要なのでしょうか？

「中学受験のため」などといった明確な目標があるのだとしたら、得意科目で満点を目指し、残りは平均点を目指すなどと、具体的な戦略を立てましょう。**無理やり興味をもたせようとせず、目標に最短で到達できる方法を考えて、やっていけばいい**でしょう。

そうした具体的な目標がないのだとしたら、まずは好きな科目、興味のある科目だけに取り組んでいて問題はありません。

子どもも大人も、興味がないことを嫌々やるのは、楽しくありません。嫌々やってもどこまで効果があるのかは怪しいものです。

そもそも、**勉強を遊ぶ目的は、楽しくワクワクする経験をするため**でしたね。だから、興味がないものは放っておいて、好きなもの、興味があるものだけをやりましょう。

ちなみに、いつかやってくる受験を考えるのであれば、好きな科目を2つつくっておけると有利です。さらに、**そのうちのひとつが英語だと、将来大きな武器になる**ことは間違いありません。

基本的にはお子さんが興味をもつことをやってもらえば問題ありませんが、「英語」にも興味をもってもらえるように、お母さんのアナウンスを増やすなど、触れる機会を増やしていくことをお勧めします。

英語に興味をもってもらうコツは、やはり外国人と話す楽しさを知ってもらうことが一番でしょう。「英語を話して外国人とコミュニケーションをとれることは、とても楽しい！」と思う体験が、英語に興味をもつ大きなきっかけです。

とは言え、なかなか外国人とコミュニケーションをとる機会がないという方にお勧めなのが、ディズニーランドの活用です。

ただ、アトラクションに乗るだけではなく、プリンセスやプリンスに英語で話しかけてみるのです。会話が弾むように、サイン帳を持って行くことをお勧めします。

話しかける時は、**「ハロー、サインプリーズ」**などの片ことの英語でも構いません。プリンセスやプリンスはおもてなしのプロですから、お子さんに上手に話しかけてくれるでしょう。ここで、**「英語でコミュニケーションがとれた」という喜びが、英語への興味を加速させてくれる**でしょう。

Q 小学校受験は必要ですか？
どのように対策をすればいいですか？

A. 受かろうが、落ちようがお子さんの人生に大した影響はありません

結論から言うと、小学校受験は受かろうが落ちようが、お子さんの人生に大した影響はありません。だから、受験を考えている方は、安心して試験にのぞんでください。

小学校で人生は決まりません。
志望校に入学しても志望校に入れなかったとしても、どちらにしても、これからの社会を生き抜くのは大変なものです。

どこの学校に行こうが、結局はそれなりに悩むことになるのが現実です。

だから、お母さんは、**小学校受験の合否に一喜一憂することなく、どんなことがあっても生き抜いていく力を教えてあげてほしい**のです。

残念ながら、それは学校教育が教えてくれるものではありません。

120ページでご紹介したように、大切なのは、12歳までにお子さんの軸をつくること。

しかし、それをお母さんが理解しないままで、学校任せにしていると、お子さんは振り回されることになってしまいます。

もし、**小学校受験をする場合、まずは志望校の過去問を見ることをお勧めします。**「小学校受験なんて、大した問題が出ないでしょう」と思っている方もいるかもしれませんが、そんなことはありませんよ。

142　第5章 ● 子育ての悩みQ＆A

仲間はずれを下記から選びなさい。
①シクラメン ②フクジュソウ ③ウメ ④コスモス

　この問題は、ある小学校の受験で出題されたものです。

　この問題の答えは「④コスモス」。

　コスモスは秋、コスモス以外は冬に咲く花だからなのですが、この問題に答えられる人は、大人でもそう多くはありません。

　ですから、まずはどんなものが出題されるのか過去問を見ることから始めましょう。**何が出題されるか理解せずに、対策は考えられませんからね。**

　志望校が決まっていない場合は、今の段階でなんとなく興味のある学校の過去問を見るだけでも十分です。

　過去問を見た後で、「家庭で対策ができる」と判断したのであればご家庭で勉強すれば良いでしょうし、「家庭でやるのは難しい」と判断するのであれば、小学校受験専門の幼児教室に行くのが効率的です。

Q 中学受験を考えています。どのように対策をすればいいですか?

A. 落ちる覚悟から始めてください

おどしのように聞こえるかもしれませんが、中学受験はほんとうに過酷です。

なぜなら、第一志望校に入れるのは全体の30％。

大半のお子さんは、第二志望以下の学校にしか行けません。つまり、**受かる可能性よりも落ちる可能性のほうがずっと高い**のです。

まずはその現実を理解する必要があるでしょう。

さらに大変なのは、圧倒的な勉強量をこなさなければならないということ。「5000時間の勉強量が必要」と言っている塾もありますが、これは単純計算をすると、毎日4時間半の勉強を3年間休まず続けることに相当します。

勉強のレベルも、親が教えられる難易度を超えていますから、多くの場合、塾に通わなければいけなくなるでしょう。

「なんとなくやってみよう」という軽い気持ちでは、まったく歯が立たないのが中学受験の現実なのです。

夜遅くまで塾に通うのは当たり前。

難しい勉強をするのも当たり前。

お子さんがそうした難しい勉強を楽しめるようならばチャレンジしてもいいでしょうが、厳しいようならば別の道を考えたほうがお子さんのためになるのではないでしょうか。

もしチャレンジするのだとしても、第一志望に合格できない可能性

144　第5章 ● 子育ての悩みQ&A

が高いのです。

　だから、**落ちる覚悟ができないのであれば、ムリにチャレンジすることはお勧めできません。**

　こうした現実を理解したうえで、チャレンジするというのであれば、お母さんに注意してほしいことがあります。

　それは、**「全落ち（受験した全学校に落ちてしまうこと）」しないように、お子さんが絶対に受かる学校を調べて、必ず受験させるようにする**ことです。

　たとえ、合格しても行くつもりはない学校だとしても、受験することに大きな意味があります。

　想像してみてください。受験した学校すべてに落ちて近所の公立中学校に通う場合と、行きたかった学校には落ちたけれど合格した学校もあり、近所の公立中学校と合格した学校とを比較した結果、近所の学校に行くことを決めた場合では、お子さんの気持ちはまるで違ってきます。

　前者は、「行く学校がないから、仕方なく公立中学校に行く」、後者は、「（受かった）あの学校よりも公立中学校に行きたいから行く」という気持ちになります。

　この違いが、中学校入学後のお子さんのモチベーションを変えていくでしょう。

　中学校に入ると、お子さんは思春期を迎えます。

　どういうモチベーションで中学校生活を始めるかは、思春期をどう過ごすかに大きく関わります。

　中学受験でお母さんができることは少ないのですが、このふたつは決して忘れないでください。

Q 中学生以上の子どもに対して できることはありませんか?

A. お母さんがチャレンジする姿を見せましょう

お子さんが比較的素直な性格ならば、遊ぶように勉強するのは十分可能です。でも、反抗期が始まっていて、一緒にトランプなどのゲームができる状態でなければ、難しいかもしれません。

しかし、**この時期だからこそできること**があります。
それは、**お母さんが何かにチャレンジしている姿を見せること**です。
勉強に直接関係しないかもしれませんが、「自立」という子育てのゴールに向けて、確実に効果があります。
将来の仕事に対する意欲につながるでしょう。

たとえば、今、仕事で担当しているプロジェクトのことや、一緒に働いている同僚のがんばりなどを話してください。
この時、注意してほしいのは、仕事の愚痴を話さないこと。お母さんが、**「仕事を通して成長しているんだ」**と、前向きに話すことが大切です。
愚痴ばかり話していては、お子さんにとって「仕事はつらくて、我慢してやるもの」というイメージがインプットされてしまうので注意してください。

専業主婦のお母さんも、「これからやってみたいこと」について話してください。やってみたい習い事の話でもいいし、旅行の話でも構

146　第5章 ● 子育ての悩みQ&A

いません。

　また、それにかかる費用がどれくらいで、どこから賄うのかもしっかり伝えましょう。

　この時期のお子さんは、**「勉強や学校生活が将来にどのようにつながっているのだろうか」**という、漠然とした**不安**を抱えています。
　そんな時、お母さんが、**「大人になると、こんなに楽しいことがあるんだよ」**と伝えることができると、将来に対してワクワクしながら成長していけるのです。

Q 子どもが宿題をしません。

A. 「時計」と「ニンジン」で社会のルールを学ばせましょう

　まず、宿題は勉強ではありません。宿題は、お子さんが社会とはじめて結ぶ約束であり契約です。

　約束や契約は守るのが大前提。ですから、**宿題を出さないのは言語道断。決して許してはいけません。**

　学校には、「①勉強を教える、②社会性を学ぶ」という2つの役割があります。社会性とは、周りの人たちと協力して生きていくために、必ず身につけなければならないもの。それを学ぶ第一歩が宿題なのです。期限までに仕事を仕上げられない社会人は信用されませんが、宿題を期限までに出すことは、その練習にあたるのです。

　宿題が面倒なのはよくわかります。「これって何の意味があるの？」と思うこともあるでしょう。

　とは言え、宿題は約束。出さない者は義務を果たしていないとみなされ、社会の一員として認められないのです。

　と、ここまで宿題の意義をまとめましたが、これをお子さんに伝えても年齢によってはなかなか理解できないかもしれません。

　そこで、宿題ができないお子さんへの身近な対処法として、**「時計」と「ニンジン」**を使うことをお勧めします。

　まず、**宿題ができないお子さんは、「やる気がない」わけでも、「頭が悪い」わけでもありません。「時間の観念」がないのです。**

　始めたら10分で済む宿題に、ダラダラと1時間以上かけてしまうの

は、「時間は有限」だとわかっていないから。そこで、**まずは時間の観念を身につけるために、お子さん用の腕時計を買ってあげましょう。**

　特に、幼児・低学年のお子さんは、自分専用の腕時計を買ってもらえるなんて、なかなかありません。大人のアイテムを渡されたようで、誇らしい気分になるのでしょう。壁の時計よりも、自分の腕時計を見るようになります。しかも、何度も何度も。

　この心理を宿題に活用するのです。

　次に**ご褒美の「ニンジン」を用意します。**

「勉強の代償にものを与えるなんてとんでもない」と批判されることもありますが、些細なご褒美でお子さんが勉強をがんばれるのであれば、どんどん与えるべきだと思っています。大人も仕事をがんばれるのは、お給料がもらえるから。もし無給なら、そこまでがんばれないと思いませんか？

　上達のためには、「テストで○点とりたい」「○○校に合格したい」などの目標も大切です。ただ、こうした目標を自分で設定できるのは、勉強に対するモチベーションの高いお子さんたち。モチベーションが低く、まだ幼いお子さんは目標を設定すること自体ができないのです。だから、その目標設定をご褒美という身近なもので代用するのです。

　ご褒美は、高価なものでなくても大丈夫。ちょっとしたオヤツでもゲーム時間の10分延長でも、本の読み聞かせでも、お子さんが喜ぶものならなんでも良いでしょう。

　さて、ここからは実際にどうやるかを紹介します。

ステップ①　腕時計を買う

　この時、お子さんに選ばせるとワクワク感が増すことでしょう。

「あなたもお兄さんになったから、そろそろ時計が必要よね。お子ちゃまは、時計が持てないから、これを買ったら一人で宿題をできるようにならないとね」という言い方をしてください。あくまでも、**「大人の仲間入りのアイテムを今から買いに行こう」**という言い方です。

間違っても「あなたが宿題をしないから時計を買うのよ」なんてことは言わないでくださいね。

ステップ② 宿題をする時間を決める

時計を買ったその日に「宿題をする時間」を決めます。「18時から18時半までの30分が宿題の時間」といった具合です。

最初は**「絶対にこの時間内なら宿題ができる」という無理のない時間を設定します。**

ここで、**「もし早く終わったら残りの時間は遊んでいいよ」**と伝えてください。

せっかく早く終わらせたのに、「あと10分あるから音読して」と勉強を付け足されては、がんばった甲斐がありません。**「宿題を早く終わらせたら良いことがある」**という経験が大切です。

宿題が時間内に終わったらご褒美を与えますが、終わらない場合はご褒美はなし。

なお、ご褒美は、ポイント制にして「シール（スタンプ）が〇個集まったら本と買う」などの方法にするのもいいですね。

ステップ③　ご褒美をお子さんと一緒に決める

ご褒美は、お子さんと一緒に決めましょう。

「ご褒美は何がいい？」「宿題が早く終わったら何をして遊ぶのかな？」と話し合ってから実行に移します。

最後にとても大切なポイントがあります。

宿題に丁寧さを求めないでください。

宿題は勉強ではなく作業に近いものです。

たとえば漢字の書き取りや計算などは、まさに作業のようなもの。丁寧にやったからと言って、学力がすぐに上がるものではありません。

そもそも、なんのためにこんな苦労をして、宿題をやるお膳立てをするのかと言えば、お子さんが一人ですばやく宿題を終えられるようにするためですよね。だとしたら、その目的に集中すればいいのです。

字の丁寧さなどは、この段階では望むべきことではないという割り切りも大切です。

Q 子どもの忘れ物が多くて困っています。

A. 忘れ物をしないことよりも、忘れ物をしてしまった後の行動が大事

私自身の体験談をご紹介します。

娘が小学生の時のことです。週明け、上履きを学校に持って行くのを忘れたことがありました。当時、学校のすぐ近所に住んでいましたが、あえて上履きを届けることはしませんでした。

帰宅した娘に、「上履き、どうしたの？」と聞くと、「先生に言ってスリッパを借りた」ということでした。

さらに、**「これから忘れ物をしないためにどうする？」**と聞くと「もう家に持ち帰るのはやめる！」という、予想外の反応。

さすがに驚きましたが、娘が自分で考えて決めたことです。「良い考えだね」と娘の意見に賛同しました。

持ち帰らないことにした娘の上履きは、クラスで一番真っ黒でした。

授業参観でこの上履きを見て「お母さん、洗ってあげないのかしら」「恥ずかしくないのかしら」と思った方もいるかもしれません。

でも、私にとってそれは大した問題ではありません。**娘の自立のためには、自分で決めたことを尊重したほうがいい**と考えていたからです。

「子どものため」と言いつつ、お母さんが自分自身のためにやっていることは思った以上にたくさんあります。もしかしたら、忘れ物もそのひとつかもしれません。

お子さんの忘れ物が気になるのは、お母さんが「だらしがない」と思われたくないからではありませんか？

152　第5章 ●子育ての悩みQ&A

忘れ物は、お子さん自身が気をつけなければ改善されません。

だとすれば、忘れ物をさせて、先生に注意をされて、失敗を経験させたほうが、良い結果に結びつくのです。お子さん自身が、「忘れ物をしたらまずい」と気づけば、自分で対策しようと思うでしょう。

大切なのは、忘れ物をしないことよりも、忘れ物をした後にどう行動するかなのですから。

たとえば、忘れ物をした後、お子さんが「毎日時間割に合わせて準備するのはやめて、教科書を全部持って行く」という判断をしてもOK。自分で考えて行動した結果がこうであれば、お母さんがいちいち口をはさむよりもはるかに自立につながります。

それでも、どうしても気になる方にお勧めしたいのが**「わが子の実力に見切りをつけて、他力を使う」**こと。

この手法を、忘れ物に悩むご家庭では活用してみてください。

お恥ずかしい話なのですが、私は、超がつくほどのものぐさで、化粧品を買うのが苦手。いつも、買い忘れてしまいます。40歳を過ぎた肌に化粧水と乳液がないのは悲惨なこと。そうわかっているのに、それでも忘れてしまうのです。

そこで、ある時、SNSでこんな呼びかけをしてみました。

「化粧水と乳液が切れてしまってから数日。いつも買い忘れてしまいます。明日私に会う方は化粧水と乳液を買うように言ってください」

おかげさまで、翌日アポイントをとった全員の方から声をかけていただき、無事に購入することができました。

私は、元々化粧品に興味がありません。だから、「興味がない」→「すぐに忘れてしまってなかなか買えない」のです。

おそらく、**忘れ物をしてしまうお子さんも同じメカニズム**なのでしょう。特に男の子の場合、学校に行く目的は、給食と友だちとじゃれることが大半。それ以外のことにはほとんど興味がありません。

153

だから、宿題を出せないし、先生の話を聞いていないから約束事も守れないのです。**そもそも興味がないお子さんに、興味をもたせるのは難しい**でしょう。
　だったら、本人の実力に期待せず、他力を使おうというわけです。クラスに必ずいるしっかり者の女の子にお願いするのです。

「○○ちゃん、うちの△△に宿題出すように言ってくれる？」

「○○ちゃん、給食袋持ってなかったら声をかけてくれる？」

　そして、授業参観の時には、「いつも○○ちゃんにお世話になっている△△の母です」と、菓子折りと女の子が好きそうなハンカチや文房具を渡しましょう。こうした根回しがうまくいけば、忘れ物で悩まされることは少なくなるはずです。

Q 子どもの教育に熱心になってほしいのに、夫が協力的ではありません。

A. 旦那さんのことは、仏壇だと思ってください

　これも学習塾を経営していた頃から、非常によく聞く悩みでした。「夫にもっと協力してほしい」と嘆くお母さんに、私が言っていたのは、このひと言。

「旦那さんのことは、仏壇だと思ってください」

　この真意は、**「相談はせず、報告だけする」**ということです。

　本来、子育ては、お母さん、お父さんが二人三脚で行っていくもの。

　しかしこれは建前で、実際は多くのご家庭で、お母さんがほぼ一人で担っているのが事実です。現実的に週に数時間しかお子さんと一緒に過ごす時間のないお父さんと、毎日一緒に過ごしているお母さん、どちらがお子さんのことをよく知っているでしょうか？

　もちろん、お母さんですよね。

　一緒いる時間ははるかに少ないのに、お子さんに関する決定権は、お母さんとお父さんで50：50というのは、冷静に考えるとおかしなことだと思いませんか？

　だから、**お子さんのことをよく知っているほうが決めてしまってもまったく問題ない**のです。

　それに、仕事から帰宅したお父さんに、お子さんのことを相談しても真剣に取り合ってくれないことが多いのではないでしょうか。

　私自身も心当たりがあるのですが、仕事で疲れて帰宅したところに、家族の一大事を相談されても、考える余裕がありません。

　そんな態度を見て、わが子の教育を仕事より後回しにするお父さん

にイライラしてしまうお母さんの気持ちはよくわかります。

　だから、仏壇だと思ってほしいのです。

　ご先祖様のことは、感謝もしているし尊敬もしています。今の私たちがあるのも、ご先祖様のおかげ。

　でも、ご先祖様に、「ここまで元気に育ちました。ありがとうございます。今後も見守ってください」と報告はしても、「子どもを塾に通わせようか悩んでいます。どうしたら良いでしょうか？」と、相談する人はいませんよね。

　旦那さんも一緒です。感謝し尊敬しても、相談はしないほうがお互いのためなのです。

　そもそも、普段からお子さんと接していないなら、たとえ父親でも正しい判断ができるとは限りません。だから、**相談をするのではなく、相談に見せかけた報告をするのが賢いやり方**です。

　学習塾を経営していた頃、受験前になって、子育ての意見の相違から私の前で喧嘩を始める夫婦を毎年何組も見てきましたが、決まって「子どものことは夫婦２人で決めるべきだ」と思っている、まじめなお母さんばかりでした。

　子どものことは、あなたが一番わかっているはず。

　自信をもって一人で決めて大丈夫ですよ。

　「旦那さんには感謝し、尊敬もしている」という気持ちを忘れなければ、子育てはうまくいきます。

おわりに

「大きくなったら、何になりたいの？」

娘が小さい頃に、よく私が聞いていた言葉です。それをまねしたのでしょう。ある時、娘からこのように聞かれました。

「ママはこれから、何になりたいの？」

私が、「ママは〇〇ちゃんのお母さんになったから夢がかなったんだよ」と答えると、「じゃあ、次は何になりたいの？」。

私は、ドキッとしました。そのころ専業主婦をしていた私は、日々の家事と子育てで、いっぱい、いっぱい。自分のやりたいことなんてまったく思いつきもしませんでした。

死ぬまで成長し続けるのが人間である、と多くの偉人たちが語っています。でも、30代半ばにして自分のやりたいことがわからなくなってしまった私。そんな私が、娘が精神的・経済的に自立できるように子育てをしているなんて──理想と現実が、ものすごくかけ離れているようで、「私の子育てはこれでいいのだろうか？」と悩んでいました。

その後、娘に試していた「楽しく遊ぶように勉強するコツを知りたい」と近所のお母さんたちから頼まれたのをきっかけに、36歳の時に学習塾を立ち上げました。教育関係の仕事の経験もない私が塾を立ち上げるなんて、非常に無謀なことだったと思います。

でも、**「娘に背中を見せたい」**という思いが後押ししました。**「どうやったら、娘が楽しく勉強できるのか」**と何千回と試行錯誤した結果を学習塾で実践し、**「この学習法はたしかに効果がある」**という手ごたえを感じるようになっていきました。

ところが、娘が中学生になった時、登校拒否をするようになりました。がんばって中学受験をし、やっと勝ち取った入学なのに——最初はそのように思っていました。

　でも、元々願っていたのは、娘が精神的・経済的に自立すること。学校に通うことは、そのために必ずしも必要なものではありません。そして**「たとえ中卒でも経済的に自立できるような子に成長できるように、まずは母親である私がビジネスを勉強しよう」**と一念発起。10年間続けてきた学習塾をたたみ、現在の仕事を始めました。大好きなことでお金を稼ぐ方法を体得し、伝えられるようになりたいと思ったからです。

　それをきっかけに、今、私は、「遊ぶように勉強する方法」を全国のお母さんたちにお伝えするのに加えて、「起業したい」というお母さんたちの支援をする仕事にも携わっています。

　中には、Wワークで起業をしている方や子育てが落ち着いたらすぐに起業できるようにと資格をとっているお母さんもいます。ただでさえ、毎日の子育てでてんてこ舞いのはずなのに、それでも自分のやりたいことを見つけて行動しているお母さんたちを目の当たりにして、「本当に素晴らしい！」と心から尊敬し、応援しています。

　近ごろ、日本の子どもたちの自己肯定感の低さが度々話題になります。戦争もなく、物質的に豊かで教育水準も高い日本がこのような結果になっているのは、大きな問題ではないでしょうか。

　私は、**「この問題を打破するのは、お母さんの行動し続ける背中にある」**と本気で考えています。

　学校教育を変えるのには長い時間を必要としますが、家庭なら今日から実行することができます。楽しく遊ぶように勉強するお子さんは、楽しくイキイキと働く大人へと成長していきます。そのためには、お母さんが楽しくイキイキと過ごすことが何よりも大切なことではないでしょうか。

　最後に、この本を執筆するにあたって全国に230名いる親勉インストラクターのご協力がなければ形にすることは不可能でした。ほぼ毎日、日本中のどこかで親勉の講座が開催されているのも、インストラクターのみなさんのご協力があってこそのことです。特にマスターインストラクターの作田美紀子さん、まきのみさおさん、西原亜紀子さん、中村由佳莉さん、金井詞子さん、かとうきさよさんのご協力に心より感謝しています。

　そして、私がまったくの無名だった頃からずっと応援してくださる荒かずみさん、牧綾子さん、ほりみのりさん、いつも本当にありがとうございます。3年前にたった4人の受講生から始まった親勉が、全国に広まりつつあるのは、荒さんと牧さんとほりさんが、支えてくださったからです。本当にありがとうございます。

　　　　　　　　　　　　　　　　2017年4月　小室 尚子

●著者紹介

小室　尚子
一般社団法人日本親勉アカデミー協会代表理事。

2006年、「わが子を入れたい塾がない！」という思いから、学習塾Terakoya Kidsを設立。
小学校受験・中学校受験に800人以上の生徒を合格させる。
2014年から、「1週間で勝手に勉強する子どもに変わる 親勉アカデミー」を主宰し、お母さんたちにセミナーを行う。勉強を遊びに変えてわが子に与える家庭教育法「親勉」を、お母さんたちに提唱。
2016年一般社団法人日本親勉アカデミー協会を設立。
2017年3月現在親勉インストラクターは、海外・日本全国を含め230名。講座受講生は、4932人にのぼる。
遊びながら勉強ができる、オリジナルのカルタやトランプの教材の開発も多数手がける。
2017年3月現在、メルマガ読者12731人。
学習法に関して、読売新聞、「週刊女性」（主婦と生活社）、「Como」（主婦の友社）などで紹介されてきた。

○一般社団法人 日本親勉アカデミー協会HP　○一般社団法人 日本親勉アカデミー協会Facebookページ
○親勉無料メルマガ　　　　　　　　　　　　　https://www.facebook.com/oyabenacademy/
http://oyaben.com/

楽しく遊ぶように勉強する子の育て方

2017年4月30日　　初版第1刷発行
2017年5月10日　　　　第2刷発行

著　　者——小室　尚子
　　　　　　©2017 Naoko Komuro
発 行 者——長谷川 隆
発 行 所——日本能率協会マネジメントセンター
〒103-6009　東京都中央区日本橋 2-7-1 東京日本橋タワー
TEL　03(6362)4339(編集)／03(6362)4558(販売)
FAX　03(3272)8128(編集)／03(3272)8127(販売)
http://www.jmam.co.jp/

装　　丁————吉村 朋子
本文デザイン—吉村朋子、めとめ株式会社
本文·カバーイラスト—寺崎 愛
別冊イラスト—めとめ株式会社
　　　　　　©zhaolifang,frankmib6 - Vecteezy.com
ＤＴＰ————株式会社明昌堂
印刷所————シナノ書籍印刷株式会社
製本所————株式会社三森製本所

本書の内容の一部または全部を無断で複写複製（コピー）することは、
法律で認められた場合を除き、著作者および出版者の権利の侵害となりますので、あらかじめ小社あて許諾を求めてください。

ISBN 978-4-8207-5975-1　C0037
落丁・乱丁はおとりかえします。
PRINTED IN JAPAN

遊びながら学ぶ

教材
セット

使い方

★ ビンゴマス（3×3）／ビンゴマス（5×5）
コピーをして使用してください
➔ 49ページ、69ページ、111ページ参照

★ 部首ポスター
カラーコピーをしてリビングなどに貼ってください
➔ 46ページ、49ページ参照

★ 日本地図ポスター
カラーコピーをしてリビングなどに貼ってください
➔ 78ページ参照

★ 歴史人物カード
切り離して使用してください
➔ 86ページ、89ページ参照

★ 植物分類表
カラーコピーをしてリビングなどに貼ってください
➔ 94ページ、97ページ参照

★ 英単語ポスター
カラーコピーをしてリビングなどに貼ってください
➔ 106ページ、108ページ、111ページ参照

部首ポスター

日本地図

北海道(ほっかいどう)

- じゃがいも
- ニンジン
- 玉(たま)ねぎ

兵庫県(ひょうごけん)

玉ねぎ

京都府(きょうとふ)

金閣寺(きんかくじ)

滋賀県(しが)

彦根(ひこね)

和歌山県(わかやまけん)

みかん

奈良県(なら)

島根県(しまねけん)

しじみ

鳥取県(とっとりけん)
二十世紀梨(にじゅっせいきなし)

山口県(やまぐちけん)
ふぐ

広島県(ひろしまけん)
牡蠣(かき)

岡山県(おかやまけん)

マスカット

長崎県(ながさきけん)

びわ

佐賀県(さがけん)
海苔(のり)

福岡県(ふくおかけん)

明太子(めんたいこ)

熊本県(くまもとけん)
すいか

大分県(おおいたけん)

関(せき)サバ

宮崎県(みやざきけん)

ピーマン

鹿児島県(かごしまけん)

さつまいも

沖縄県(おきなわけん)
パイナップル

中国地方〜ちゅうごくちほう〜

九州・沖縄地方〜きゅうしゅう・おきなわちほう〜

愛媛県(えひめけん)

タオル

香川県(かがわけん)

うどん

高知県(こうちけん)

なす

徳島県(とくしまけん)

鳴門(なると)のうず

四国地方〜しこくちほう〜

ポスター

畿地方～きんきちほう～

おおさかふ 大阪府

たこ焼き

みえけん 三重県

しんじゅ 真珠

東北地方～とうほくちほう～

あおもりけん 青森県

りんご

あきたけん 秋田県

あきたすぎ 秋田杉

いわてけん 岩手県

なんぶてっき 南部鉄器

やまがたけん 山形県

さくらんぼ

みやぎけん 宮城県

なるこ 鳴子こけし

ふくしまけん 福島県

もも 桃

関東地方～かんとうちほう～

さいたまけん 埼玉県

こまつな 小松菜

とうきょうと 東京都
国会議事堂 こっかいぎじどう

ちばけん 千葉県
らっかせい 落花生

かながわけん 神奈川県
かまくらだいぶつ 鎌倉大仏

ぐんまけん 群馬県
こんにゃくいも

とちぎけん 栃木県

いちご

いばらきけん 茨城県

メロン

中部地方～ちゅうぶちほう～

にいがたけん 新潟県

お米 こめ

とやまけん 富山県

チューリップ

いしかわけん 石川県
きんぱく 金箔

ふくいけん 福井県
えちぜん 越前ガニ

ぎふけん 岐阜県

はもの 刃物

ながのけん 長野県

レタス

あいちけん 愛知県

じどうしゃ 自動車

しずおかけん 静岡県

ちゃ お茶

やまなしけん 山梨県

ぶどう

歴史人物カード

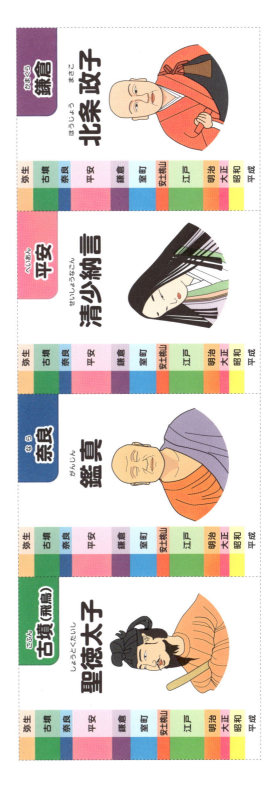

歴史人物カード

歴史人物カード

歴史人物カード

歴史人物カード

歴史人物カード

歴史人物カード

歴史人物カード

歴史人物カード

歴史人物カード

歴史人物カード

歴史人物カード

歴史人物カード

植物分類表

裸子植物

おばな めばな

マツ

めばな
はいしゅ

雄花と雌花がある **胚珠がむき出し**

マツ　マツ科

ソテツ　ソテツ科

スギ　ヒノキ科

イチョウ　イチョウ科

種子植物

花をさかせて種子をつくる

種子植物 ─ 裸子植物
　　　　 └ 被子植物

被子植物

はいしゅ　しぼう

めしべ　おしべ
がく　はなびら

胚珠が子房の中にある **花は花びら、がく、めしべ、おしべからなる**

被子植物 ─ 単子葉類
　　　　 └ 双子葉類

単子葉類

子葉は1枚

平行な葉脈

イネ イネ科　トウモロコシ イネ科
ユリ ユリ科　ニラ ヒガンバナ科

茎の維管束は散らばっている

根はひげ根

離弁花類

花びらが分かれている

サボテン サボテン科　ナズナ アブラナ科
サクラ バラ科　エンドウ マメ科

双子葉類

子葉は2枚

網目状の葉脈

茎の維管束は輪の形に並ぶ

根は主根と側根

合弁花類

花びらがくっついている

サツキ ツツジ科

アサガオ ヒルガオ科　タンポポ キク科

ピーマン ナス科　ヘチマ ウリ科

双子葉類 — 離弁花類／合弁花類

cherry さくらんぼ 	**sea** うみ 海	**English** 英語	**sad** かな 悲しい / **happy** うれ 嬉しい
pumpkin かぼちゃ 	**leaf** は 葉 	**Japanese** 日本語 	**small** ちい 小さい / **big** おお 大きい
eggplant なす 	**hill** おか 丘 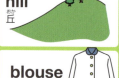	**math** すうがく 数学	
elephant ぞう 	**blouse** ブラウス 	**skating** スケート 	**wash** あら 洗う
giraffe きりん 	**skirt** スカート 	**swimming** すいえい 水泳 	**read** よ 読む 
pig ぶた 	**pajamas** パジャマ 	**volleyball** バレーボール 	**write** か 書く 
kitchen だいどころ 台所 	**airplane** ひこうき 飛行機 	**grandfather** おじいさん 	**crayon** クレヨン 
glass グラス 	**balloon** ききゅう 気球 	**grandmother** おばあさん	**eraser** け 消しゴム 
table テーブル 	**bicycle** じてんしゃ 自転車 	**father** とう お父さん 	**glue** のり 
boat ボート 	**shoulder** かた 肩 	**gym** たいいくかん 体育館 	**early** はや 早い / **late** おそ 遅い
helicopter ヘリコプター 	**arm** うで 	**playground** こうてい 校庭 	
taxi タクシー	**hand** て 手	**P.E.** たいいく 体育	**long** なが 長い / **short** みじか 短い